不妊治療を超えて、
特別養子縁組へ

産まなくても、
育てられます

後藤絵里

講談社

健康ライブラリー
スペシャル

はじめに　～「子どもがほしい」をかなえる、もうひとつの方法

血のつながらない子どもを引き取り、わが子として育てる「養子縁組」。海外ではごく一般的な家族の形ですが、日本ではまだ、あまりなじみがないかもしれません。日本には6歳未満の子どもを対象に、生みの親との親子関係がなくなり、育て親が名実ともに「親」となる「特別養子縁組」というしくみがありますが、読者のみなさんの中で、特別養子縁組をくわしく知っている人はどのくらいいるでしょうか。筆者も数年前まで、特別養子縁組と「婿養子」などの普通養子縁組との違いもよくわかっていませんでした。

筆者が特別養子縁組に関心を抱くようになったのは30代も半ばにさしかかり、周りの友人が結婚や出産といった人生の選択をし始めたころです。親しい友人から、「体質的に産むことが難しそうなので養子縁組を考えている」と打ち明けられたのがきっかけでした。その言葉で、アメリカ人の知り合いに「子どもがほしくてもできなければ、養子という選

択肢を考えたら」と言われたことを思い出しました。そのときはどこか他人ごとでしたが、友人の言葉に、自分も無関係ではないと考えるようになりました。特別養子縁組を他人ごとではなく、「自分ごと」としてとらえるようになったのです。

その後、特別養子縁組の取材をするようになり、子どもを迎えた夫婦をはじめ、成長した子どもたち、育て親にわが子を託す決意をした生みの親たち、縁組を仲介する児童相談所や民間団体の方々などに話を聞いてきました。そしてわかってきたのは、育て親のほとんどは不妊や不育症に悩んだ経験があり、生物学的な親になることに何らかの壁を抱えていた、ということでした。

夫婦が乗り越えた葛藤、子どもたちが家庭にやってきた経緯など、一つとして同じ物語はありませんでしたが、どの家庭でも共通していると感じたのは、両親の惜しみない愛情を注がれて、子どもたちがみな、屈託なくのびのび育っていたことです。そして、親子の間に確かな信頼関係が築かれていることが、短い時間を一緒に過ごすだけで伝わってきました。

特別養子縁組をよく知らない頃は、「触れてはいけない家庭の秘密」という印象すら抱いていました。そのイメージは、実際に養子縁組をした親子と出会い、ことごとく塗り替えられていきました。私たちの多くは、血のつながりがあってこそ親子だと思っているけれど、はたして本当にそうなのでしょうか。

いま、日本では夫婦の6組に1組が不妊の悩みを抱えているといいます。晩婚化で子どもを持つことを考える年齢が上がっているうえ、体外受精や顕微授精といった生殖補助医療の進歩がめざましく、不妊治療をする期間は長くなり、患者の平均年齢も上昇の一途です。そして、不妊治療を続けている夫婦にとって、妊娠・出産という、ただひとつのゴールをめざして続けてきた治療に自ら幕を引くのはとてつもなく難しいことでしょう。

一方で、日本にはさまざまな事情で生みの親が育てることがむずかしい子どもや、生まれてすぐに手放され、施設に預けられる赤ちゃんがいます。いまも約3000人の赤ちゃんが乳児院で暮らしています。

もし、あなたがいま、「子どもがほしい」と願い、不妊治療を続けているなら、いったん立ち止まり、考えてみてください。あなたは子どもを産みたいのでしょうか、それとも、子どもを育て、ともに過ごしたいのでしょうか。もしも後者であるなら、不妊治療だけが願いをかなえる手段ではありません。この社会には、あなたを親として必要とする子どもたちがいるのです。

20代の頃から不妊に苦しみ、乳児院から生後11ヵ月の男の子を養子に迎えた女性は、「私たちは子どもとの出会い方が普通の家族とちょっと違っただけ。家族とは日々の積み重ねです。この子が私たちを親にしてくれました」と言っていました。

3歳の女の子を育てる女性も、「特別養子縁組はわが家に天使を連れてきてくれた。かつての私のように不妊に苦しむ人たちに、こんな選択肢もあると伝えたい」と、つらかった不妊治療の体験を話してくれました。

血のつながりだけが親子の証しではありません。いちばん大切なのは、一緒に過ごした時間と、その中で交わす、互いを思う心のやりとりです。親と子が、まさに「縁」によってめぐり合うのが、特別養子縁組なのです。

親になりたいと願いながら、なかなか出口の見えない不妊治療のトンネルの中にいる多くの女性たち（もちろん男性も）にこそ、特別養子縁組を知ってほしいと思います。子どもを迎えた人たちは、不妊に悩んでいた時には想像もできなかった、まったく新しい世界を知ったと声をそろえます。泣いたり笑ったり、怒ったりハラハラしたり、子育ての一瞬一瞬が、それまで体験したことのない驚きや喜びに満ちていると、多くの人が話してくれました。

この本は、大きく2つのパートに分かれています。第1部では、特別養子縁組で子どもを迎える選択をした8組の夫婦の体験を紹介します。どの夫婦も、決断するまでにたくさんの迷いや悩みを乗り越えたのだということがわかってもらえるでしょう。また、子どもを迎えた後に起こるであろうできごとについてもふれています。第2部では、養子縁組についての実践的な情報をまとめました。特別養子縁組を進めるにあたって、どんな制度なのか、どんな手続きをすればよいのかといったことを知っておくことで、不安を感じる瞬間が少なくなるはずです。

親になりたいと願う人たちが、一人でも多く特別養子縁組によって「わが子」と出会い、家族が増える幸せを感じられることを願ってやみません。

もくじ

第1章 私たちが特別養子縁組を決断するまで 28

第2部 特別養子縁組の基礎知識

～「法的な壁」の乗り越え方

ブックデザイン＊アルビレオ
カバー・本文イラスト＊寺田マユミ
本文図表＊長橋誓子

産まなくても、育てられます

不妊治療を超えて、特別養子縁組へ

序　章

つながる不妊治療と特別養子縁組

終わらない不妊治療

特別養子縁組を希望する「育て親候補」の夫婦は、ほとんどといっていいほど不妊治療の経験者です。そして、育て親候補の夫婦の年齢は、年を追うごとに高くなる傾向にあります。ある民間の養子縁組仲介団体の説明会をのぞくと、会場にいた夫婦はほとんどが40歳以上、なかには夫が60代という夫婦もいました。

戦後半世紀にわたり、生みの親が育てられない子どもたちに里親や養子縁組によって新しい家庭を見つけてきた、神戸市と大阪市に事務所を持つ「家庭養護促進協会」の話では、育て親を希望する夫婦の平均年齢は、30年前は30代前半だったそうです。それが２０００年代以降、じりじりと上昇し、今では45歳に近づきつつあります。その背景には、晩婚化で不妊治療を受ける夫婦の年齢が高くなっていること、そして、生殖医療技術の進歩によって、不妊治療自体が長期化していることがあるといえます。

30年前、不妊治療といえばもっぱら人工授精しかありませんでした。それが、今はどうでしょう。人工授精で結果が思わしくなければ体外受精へ。さらに、精子の数や運動率に問題があったり、卵子の受精力が弱かったりする場合は顕微授精へと、治療法をどんどんステップアップさせることができます。

また、不妊治療への心理的ハードルが低くなり、多くの芸能人が治療に挑んでいることをカミングアウトするようにもなりました。40歳を過ぎての初産も、もはやめずらしいことではありません。不妊治療において、医師と患者が力を合わせてめざすゴールは「妊娠」「出産」です。望みがゼロではない以上、患者さんたちは４年、５年と不妊治療を続けることになり、その間にも年齢を重ねていきます。

不妊治療を受ける患者さんが高齢化しているという現象は、欧米先進国と比べても、日本で突出しているようです。日本で不妊治療を受けている人のうち、40歳以上は31％を占め、米国の15％、英国の14％など、初産年齢が高い国の中でも高齢化がきわだっていま

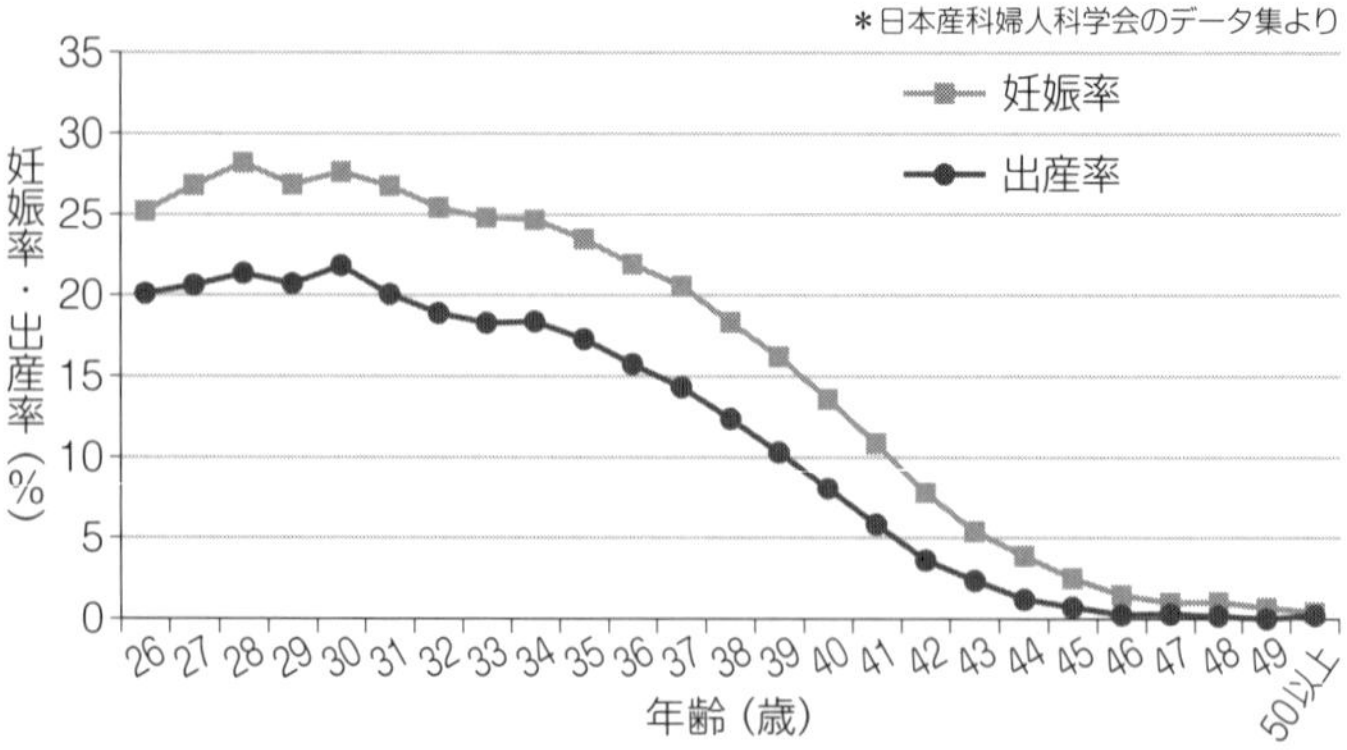

図1　年齢と妊娠・出産率

す。

年齢が上がるほど妊娠・出産率が下がることは、数字がはっきりと示しています。日本産科婦人科学会によると、２０１２年に行われた体外受精で、40歳の女性が実際に出産に至った割合は８・１%。１歳若い39歳で10・３%、41歳では５・８%と、１歳ごとに確率は大きく減少し、45歳では０・７%と１%を切ってしまいます（図１）。晩婚化で不妊治療を受ける人たちの年齢が上がる一方、卵子の老化は止められず、解決法がないという「不都合な真実」に、医師も患者たち自身も向き合わなければいけない局面にきているのです。

不妊治療の長期化は、治療費の高額化も意味します。埼玉医科大学産科婦人科学教室などの研究では、２０１０年に、45歳で治療を受けていた患者さんのその年の治療周期の総数に１周期あたりにかかると想定される治療費の平均額30万円をかけ合わせ、実際に生まれた赤ちゃんの数で割ったところ、赤ちゃん1人あたり、5000万円もの治療費がかかっている計算になったそうです。

育て親にも年齢の壁

不妊治療を受ける夫婦の高齢化と不妊治療の長期化は、特別養子縁組をむずかしくしているひとつの要因です。不妊治療から養子縁組への「心の切り替え」が遅れがちになるからです。

筆者が出会った特別養子縁組を希望する夫婦のほとんどは、期間の長短はあれど、一度は不妊治療を試みていました。そして、治療を一定期間続けたあと、治療の続行をあきらめ、養子縁組を仲介する機関の門を叩くケースがかなり多いことに気づきました。子どもがほしいと願う多くの人たちにとって、「不妊治療」と「特別養子縁組」は、同時に考える並列の選択肢ではなく、ひとつがうまくいかなかったら次を考えるという順列の選択肢だったのです。

そして、不妊治療に携わる医師たちも、不妊治療を行う一方で特別養子縁組を患者に勧めたり、説明したりすることは少ないといっていいでしょう。医者の使命は患者に寄り添い、患者の願いをかなえること、すなわち「不妊」を解決することなのです。

不妊治療をあきらめて特別養子縁組を考え始めた夫婦が、「育て親の年齢の壁」につきあたることも少なくありません。あまり知られていませんが、特別養子縁組で子どもを迎える場合にも、年齢制限があることが多いのです。

出産する場合と特別養子縁組で子どもを迎える場合では、子どもと出会うプロセスこそ違いますが、子育ての大変さは変わりません。第一に、子育てには体力がいります。生まれたばかりの赤ちゃんなら、夜中でも3～4時間おきに起きて授乳をしなければならず、ハイハイをしたりつたい歩きをしたりするようになれば、片時も目が離せません。また、親として、子どもが成人するまでの責任を負うとすれば、その子が20歳になるまでは働いていられる年齢であることが望ましいでしょう。

こうした事情を考慮して、特別養子縁組を仲介する児童相談所や民間団体では、一般に育て親に年齢制限を設けています。児童相談所の場合、子どもとの年齢差がおおむね45歳以下であることが望ましいとしています。民間団体は、「夫婦ともに45歳以下」「夫46歳、妻43歳以下」のほか、年齢制限を明記しないところなど、さまざまです。また、不妊治療を終えることを条件とするところもあります。一般に、赤ちゃんの場合、夫婦の年齢が若いほうが委託される可能性が高くなるようです。

子どもを持つためにできること

養子縁組への「心の切り替え」が少し遅かったために、「育て親の年齢の壁」が立ちはだかり、子どもとの出会いをあきらめた夫婦にも出会いました。彼らにとっては、特別養子縁組は不妊治療を断念して初めて浮かんだ選択肢で、治療と同時並行で考えるものではありませんでした。

でも、なんのために不妊治療にのぞむかといえば、それは子どもがほしいからです。子どもを持って、家族として一緒に過ごしたい……そのために何ができるのかを考えたとき、特別養子縁組という選択肢は、不妊治療と同じくらい有望な方法ではないでしょうか。「不妊治療がうまくいかなかったら特別養子縁組を考えてみよう」と思っていると、不妊治療だけでなく、養子縁組を含めた「子どもを持つこと」がかなわなくなってしまう可能性もあるのです。

海外に目を向けると、家族のかたちはより多様で、不妊治療がうまくいかない時に初めて養子縁組を検討するという考え方は必ずしも一般的ではありません。イギリスと北欧諸国の生殖医療技術や家族政策にくわしい産婦人科医の石原理《おさむ》・埼玉医科大学教授によると、そうした国々でも先進的な不妊治療は盛んに行われており、子どもがほしい夫婦が、治療によって自ら妊娠・出産する道は日本と同様に用意されています。一方で、20代や30代で養子を迎える夫婦も少なくありません。

日本との大きな違いは、親が育てられない子どもを施設ではなく家庭で育てるという考え方が社会に浸透していること、そのための養子縁組や里親の制度が根づいていることです。たとえば、スウェーデンでは公費で不妊治療を受けられる年齢は39歳までと決まっていて、不妊治療を受ける夫婦は、最初から養子縁組のような不妊治療以外の選択肢を視野に入れた上で治療を受けるのだそうです。

石原さんは、「家族を持つためのさまざまな方法が広く受け入れられていれば、不妊治療を受ける患者さんは自ら妊娠することだけを目標としないですむようになるでしょう」と言います。

日本でもここ1〜2年ほど、ドキュメンタリーやテレビドラマなどで特別養子縁組が取り上げられることが増えるなど、「特別養子縁組」という言葉を耳にする機会は確実に増えてきています。国の施策も、生みの親が育てられない子どもたちを、できるだけ施設ではなく家庭で育てようという方向へシフトしており、今後、特別養子縁組という選択肢が不妊に悩む夫婦に受け入れられる流れはますます広まっていくのではないでしょうか。

医師たちの取り組み

①不妊治療のやめどきを話し合う

日本で不妊治療を行っている医師たちの間でも、特別養子縁組という選択肢に目を向ける動きが少しずつ広がってきています。

東京慈恵会医科大学産婦人科学講座の杉本公平医師は、長年、生殖医療医として患者さんの治療にあたりながら、不妊治療のやめどきや、やめ方について考えてきました。2009年に不妊外来に通う103人の患者さんに対して意識調査を行ったところ、40歳未満では不妊治療のやめどきを「40歳」と考えている人が多かったのですが、40歳以上になると、半数以上が無回答でした。不妊治療を受けている女性にとっては「40歳」がターニングポイントであり、それを超えると、治療の終結点を見いだせなくなっている実態が浮かび上がりました。

一方、「年齢が上がると不妊治療の成績は低下する」という事実はよく知られていましたが、「治療回数が増えると治療成績は低下する」ということについては回答した95人中

41人が「まったく知らない」と答えていました。患者さんたちは、治療回数と治療成績の因果関係を知らないために、むやみに治療を繰り返してしまったり、「ここまで投資したのだから今さらやめられない」という気持ちになったりするのです。さらには、不妊治療の失敗という「喪失体験」による自尊心の傷つきから抑うつ状態になり、治療をやめる決断ができなくなることもあるといいます。

また、多くの患者さんは、医師による情報提供を「本格的な不妊治療を始める前に受けたい」と望み、「治療のやめどきを話し合うのにもっとも適切な相手は医師」と答えた人が8割に上りました。不妊の相談にのる専門の看護師や臨床心理士がいても、患者は最後に医師を頼みにするという構図が浮かび上がりました。

「患者さんの多くは迷いながら治療を続けていますが、決断のタイミングは重要です。伴走者である医師はそのタイミングを意識する必要があります」と言う杉本さんは、治療の終結には医師も関わるべきだと考えています。「心の底では『そろそろかな』と思っている人は多いのです。もちろん可能性が0％に近くても、本人がそれを望むならとことん伴走します。ただ、普段から患者さんと信頼関係を築いておくことで、患者さんの状況をできるだけ正確に本人に伝え、治療を継続する以外の選択肢を提示することも、私の役目だと思っています」

杉本さんがそう考えるようになったきっかけは、アメリカ留学でした。「アメリカでは、養子縁組が不妊の夫婦やがんで生殖機能を失った夫婦にとって一般的な選択肢だと知ったのです。ところが、日本の不妊治療の現場では、結果が出なければどこまでも突き進むか、あきらめるかの二者択一になっている。特別養子縁組という選択肢があるのに、このままでいいのか、と考えたのです」

そして数年前、40代前半で不妊治療をやめた患者さんから、「赤ちゃんとめぐり合えました」と養子を迎えた喜びの報告を受けました。「彼女が親になった喜びが伝わってきて、こちらも幸せな気持ちになりました」杉本さんはいま、不妊治療（体外受精）を始める前の夫婦を対象にした説明会でも、特別養子縁組という選択肢について触れるようにしています。

②　赤ちゃんと患者さんの橋渡しをする

埼玉医科大学病院産婦人科で不妊治療に携わる梶原健《たけし》医師は、患者さんの受診年齢が年々上がっていることを実感しています。「月経がある限り妊娠できると思っている人が多い。特に夫婦の親の世代にその傾向が強く、お嫁さんへの重圧にもなっています」

梶原さんは、年齢や体質から、そのまま治療を続けても妊娠が難しそうな患者さんには、状況が許す限り、特別養子縁組の選択肢を伝えてきたそうです。でも、話を聞いてすぐに「では不妊治療をやめます」という人はあまりいないと言います。梶原さん自身は、治療以外の選択肢、すなわち養子縁組を考えるには「40歳になる前」が一つのタイミングではないかと考えているそうです。30代後半から妊娠率や出産率ががくっと減ることを、数々のデータが示しているからです。

一方で、梶原さんら産科の医師たちは、親を必要とする赤ちゃんの存在にも気づいています。生みの親が育てられない赤ちゃんを、子どもを育てたいと願う夫婦に直接、橋渡しすることができないか――子どもたちが家庭で育つ取り組みにつなげたいと、埼玉医科大学では2015年春、産婦人科の医師や看護師、助産師らを中心に、新生児の特別養子縁組制度について研究する学内のチームが立ち上がりました。

③ 特別養子縁組のネットワークを作る

産科医による特別養子縁組への取り組みは、じつは民間病院で先行しています。約30年間にわたって生みの親が育てられない赤ちゃんの養子縁組を手がけてきた埼玉県の産婦人科医、鮫島浩二医師らが中心となり、2013年9月、生みの親が育てられない赤ちゃんを特別養子縁組につなげる全国の産婦人科のネットワーク「あんしん母と子の産婦人科連絡協議会」が発足しました。２０１６年9月現在、22の施設が参加しています。

こうした病院では、赤ちゃんが生まれる前から、予期せぬ妊娠や若くしての妊娠に悩む女性たちの相談にのり、自治体の児童相談所とも連携しながら、生みの親がどうしても育てられないという決断をした場合に、特別養子縁組を通じて子どもを育てたい夫婦につなげる取り組みを進めています。

特別養子縁組を仲介する民間団体と病院が協力するケースもあります。東京都江東区の産婦人科医院「東峯《とうほう》婦人クリニック」に勤める竹内正人医師は、一般社団法人「アクロスジャパン」の理事として生みの母を支えてきました。生みの母たちが、妊娠・出産を通じて自らの人生を生き直す手助けをしたいとの思いがあるそうです。

アクロスジャパンに駆け込む女性たちの多くは、孤独で切迫した状況でやってきます。誰にも相談できず、妊婦健診を一度も受けていない女性も多いのです。そんなとき、安心して出産できる場所があり、将来に特別養子縁組という選択肢もあることがわかると、険しかった表情が和らぎ、よい状態でお産に臨めるのだといいます。

生む人と、育てる人が、生まれてくる命をつなぐのが、特別養子縁組です。特別養子縁組がめざすものへの理解が広まるにつれ、医療の現場でも、生みの親が育てられない赤ちゃんと、子どもを育てたいと願う夫婦の間にいくつもの橋がかけられ始めています。赤ちゃんとの出会いを求めて、病院に通っているみなさんに、考えてみてほしいのです。あなたは子どもを産みたいのでしょうか、それとも、育てたいのでしょうか。

第1部

養子を迎えるということ

～「気持ちの壁」の乗り越え方

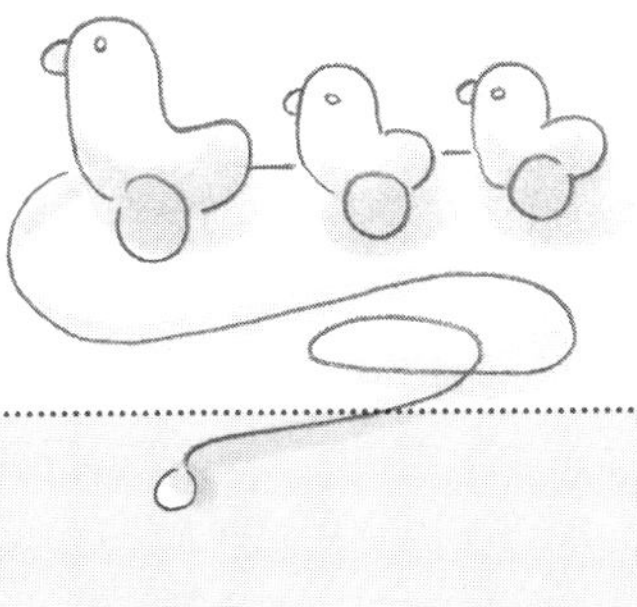

第1章

私たちが特別養子縁組を決断するまで

不妊と特別養子縁組

特別養子縁組で子どもを迎えた人や、迎えたいと思っている人の多くが、不妊治療の経験者です。ある民間の養子縁組仲介団体の調査では、「育て親」として待機しているほぼ全員が、年数の差はあれ、不妊治療を経験していました。不妊治療も特別養子縁組も、新しい家族を望む人たちのためのものですから、考えてみれば当然の現象なのかもしれません。

しかし、日本では不妊治療が広く普及している一方で（治療回数は欧米先進国を抜いて世界一です)、養子縁組は欧米ほど一般的ではありません。血のつながらない子どもを迎え、わが子として育てる——。それを「考える」ことと、「実際に行動を起こす」こととの間には、心理的に高い壁があるようです。

では、特別養子縁組という選択をした夫婦は、どうやってその選択肢にたどり着き、どうやって壁を乗り越えたのでしょうか。家族となった今、どう感じているのでしょうか。8つのケースをみていくことにしましょう。そして、なお、文中の名前はすべて仮名、年齢はすべて取材時のものです。また、取材した時期には多少のずれがあります。

ケース1

不妊治療の末、産むことへのこだわりを捨てたマユミさん

——子どもを迎えた年齢・44歳、46歳／そのときの子どもの年齢・ともに0ヵ月

「あんぱんまん！」「わんわん！」

千葉県に住む46歳のマユミさんと45歳のヒロユキさんの長男で、2歳になるユウタ君は、覚え始めた言葉を嬉しそうに叫んでは、コロコロと楽しそうに笑います。人なつこい

笑顔からは、両親の愛を一心に受けて育っている様子が伝わってきます。「十数年待ち続けて、特別養子縁組でわが家に来てくれたのがこの子です。顔を見た瞬間に『うちの子だ！』と思いました」とヒロユキさん。夫婦がユウタ君を見つめる目は、やさしく、穏やかな愛に満ちています。

不妊治療をやめるまで

マユミさんとヒロユキさんは大学の同級生。結婚は20代で、数年して不妊治療を始めました。ヒロユキさんは転勤が多く、現在までに海外も含め5～6回引っ越しをしました。そのたびに治療は中断され、新しい病院に移ると、また検査からやり直しです。マユミさんは治療に専念するため、仕事を辞めました。

30代後半に人工授精の段階に進んだ頃、ヒロユキさんの東南アジアへの転勤が決まります。「今度は最初から体外受精に挑戦しよう」と医師に現地の病院への紹介状を書いてもらい、転勤先で初めて顕微授精を試みました。4年間の駐在の間に4～5回挑戦し、一度は妊娠に至りましたが、流産してしまいました。

治療によるマユミさんの身体への負担は大きく、駐在期間の後半はもっぱら漢方治療に専念していたそうです。ヒロユキさんが日本への帰任を命じられたとき、ちょうど40歳になるところだった2人は、不妊治療をやめる決断をしました。

「年齢もあるし、もう無理なんだろうと。東南アジアではのんびりした環境だったこともあって、『今度こそは』と期待したんです。日本に戻ってまた一から始める気にはなれなかった」とヒロユキさん。マユミさんは「じつは、少しほっとしたんです。ずっと、産婦人科に通い続ける人生だったので……」と言います。ヒロユキさんは「不妊の原因は僕にもあるので、これ以上妻に負担をかけたくなかった。思えばずっと、暗いトンネルのなかで闘い続けているような気持ちだった」と振り返りました。

特別養子縁組との出会い

帰国して半年ほど経った2009年の夏、2人は相談のうえ、特別養子縁組という選択肢に向かってアクションを起こします。その話を切り出したのはヒロユキさんでした。「不妊治療をあきらめても、子どもは絶対にほしかった」からです。マユミさんも養子についても考えていたそうです。「でも、実際にどうすればいいのかがわからなかった」

2人はその頃、お互いには言わずに、それぞれインターネットで「養子縁組」について少しずつ調べ始めていました。ある夜、ヒロユキさんは海外からの出張帰りで時差のために眠れず、いつものようにネット検索を始めました。そして偶然見つけたのが、子どもとの出会いをもたらすことになる、民間の養子縁組仲介団体でした。

さっそくアプローチしますが、その頃、団体は組織変更で育て親の募集を休止するタイミングでした。2人は団体の雰囲気やポリシーが気に入り、「どうしてもここで」と待つことを決めました。1年経ち、2年経っても新たな募集が始まらず、半分あきらめかけた頃、2012年5月、団体のホームページに突然、「育て親を募集します」という掲示がアップされ、2人はすぐに申し込みます。翌月末に面接を受けると、7月に入ってすぐに「いつ赤ちゃんが生まれるかわからないので、準備を始めていてください」と言われたそうです。そして8月に、ユウタ君がやってきました。

その日は団体の代表と保育士さんが、夫婦の自宅までユウタ君を連れてきました。マユミさんは、ユウタ君たちが最寄りの駅に着いたと連絡を受けたときから、もうぽろぽろと涙をこぼしていました。自宅に着き、抱っこヒモから降ろされたユウタ君は生後9日目。くりくりした目を輝かせた、玉のような赤ちゃんでした。

「やっと出会えたね。わが家に来てくれてありがとう。本当にありがとう……」マユミさんはそう言おうとしたのですが、涙で言葉になりませんでした。かたわらで、ヒロユキさんは滝のような汗を流していました。目の前の「奇跡」を受け止めた瞬間、「自律神経がどうにかなってしまったようだった」と言います。世界のあらゆるものに感謝したい気分で、心のなかで強くこう思っていました。「神様、わが家に子どもを授けてくれてありがとう」

養子を迎えるにあたって、周囲の理解や支援は大事です。なかでも両親やきょうだいは最大の「援軍」になります。ところが、東北地方で独り暮らしをするヒロユキさんの母親は当初、養子を迎えるという夫婦の決断に「苦労を背負い込むようなものだ」と猛反対だったそうです。ただ、最後は「夫婦の問題だから自分たちで決めなさい」と認めてはくれました。その後、新たに家族になったユウタ君の写真を送ると母親の態度は一変したそうです。今では一家で帰省するとユウタ君のそばを離れず、一緒に遊んだり、散歩したり。すっかり孫に夢中のおばあちゃんになりました。

ヒロユキさんは、職場の上司や同僚にも養子を迎えたことを話しています。じつは、ユウタ君を迎える少し前の7月、「秋にまた東南アジアに赴任してくれないか」と内々の打診を受けました。そのとき、「今、養子縁組機関で待機の最終段階なんです。3年待って、やっとまわってきたチャンスなんです」と正直に上司に伝え、辞退したいと伝えました。上司も「そういう理由なら仕方ないな」と理解してくれました。それは明らかな栄転でしたが、受けていたらユウタ君とは出会えなかったのです。同僚にも子どもを迎えたときにメールで報告。みな、とても喜んでくれたそうです。

子どもとの日々

「正直に言うと、最初はDNAにこだわっていたところもありました。今は、それほど大事なものなのかな、と疑問に思います」とヒロユキさんは言います。十数年に及ぶ不妊治療は、夫婦が「家族は血がつながっているものだ」という固定観念を捨てていくプロセスでもありました。

育て親を募集する民間団体の面接に臨んだマユミさんとヒロユキさんは、養子を迎えることに、もはや何の迷いもなかったそうです。面接では「障害があっても構わない」と断言しました。マユミさんは、「自分で産むとしても、障害を持って生まれる可能性はある。子どもを迎えると決めた以上、私たちには、受け入れる覚悟はできていました」と言います。

家庭裁判所の審判が出て、戸籍上も親子となったときは、「嬉しかったけれど、この子を迎えたときから、もう親子になったと感じていたので、紙の上のことだという気持ちでした」とマユミさん。ふだんの生活のなかで、血のつながりがないことを意識したことは一度もないそうです。「不妊治療中は自分で産むことしか考えられませんでした。ユウタの親になって、産まなくても得られる喜びがあるんだなと思いました」

ユウタ君はやんちゃ盛りで、食事のたびにテーブルの上は戦場のようになるし、ごきげんだと何回も同じ遊びをせがむし、「一日が終わるとクタクタです」とマユミさん。まさに子育ては体力勝負で、それが目下、いちばんたいへんなことだそうです。「でも、それは幸せな大変さ。育児って幸せなことだなあと思います。私たちが、ユウタに育ててもらっていると思っています」

2人は「子どもを迎える前の不安が1だとすれば、子どもを迎えたことで得た喜びは『1億』というくらいの差がある」と言います。子育てへの不安、血のつながりがないことを告げる真実告知への不安、まわりの人たちにどう知らせるか……。「いろいろと不安でした。でも今は、これから起こることへの不安をすべてひ

っくるめても、この子がわが家に来た幸せに勝るものはありません」ヒロユキさんの言葉に、マユミさんが強くうなずきました。

夫婦はその後、同じ民間団体を介して、２人目の養子となる女の子を迎えました。お迎えのときはユウタ君を連れて行きました。ユウタ君はいつものようにごきげんで、嬉しそうに赤ちゃんを眺めていたそうです。２人は、言葉を理解しはじめたユウタ君に、生みのお母さんがいることを少しずつ話しています。今回、自分と同じように、妹が家族に迎えられる場に立ち会ったことで、ユウタ君は自分が養子であることを、生活のなかでごく自然に意識していくことになるのでしょう。

処方箋 その１「血のつながり」は乗り越えられない壁ではない

特別養子縁組で子どもを迎えることを考えたとき、「気持ちの壁」として最初に立ちはだかるのが、「血のつながりがなくても大丈夫か」ということではないでしょうか。そしてこれが、養子を迎えるかどうかを決める上で、最大の壁なのだろうと思います。マユミさんとヒロユキさんの体験からは、子どもの存在がもたらす圧倒的な幸せは、「血のつながり」という抽象的な概念を吹き飛ばしてしまうことがわかります。

マタニティーブルー、産後うつ、育児不安……。妊娠・出産に関わる不安や悩みはつきません。特別養子縁組でも、親子となり、家族となっていくなかで、さまざまな悩みや不安はありますが、それはどんな子育てでも直面するものです。**大事なことは、その子を夫婦が望んで迎え、愛情を注いで育てているという事実です。**そこさえ揺らがなければ、あとはともに過ごした時間が家族を形づくっていきます。

何を始めるにも事前の準備は大切ですが、情報を集めれば集めるほど、不安も増していった経験はありませんか？　特別養子縁組もまさにそれだと、多くの育て親夫婦が話してくれました。子育ては毎日がオン・ザ・ジョブ・トレーニングのようなもの。育児書を引っ張り出すヒマもなく、目の前の子どもと向き合い、日々の成長に笑ったりハラハラしたりするうちに、いつしか家族の絆が築かれていくのです。

また、マユミさんたちのケースのように、夫婦が養子を迎えることに納得していても、親や親戚が、血のつながりがないことを理由に反対することがあります。そういった場合でも、実際に赤ちゃんを迎えてその抗しがたい魅力に触れると、反対勢力だった人たちが強力な援軍に変わることはめずらしくありません。**夫婦が真剣に考え、揺るぎのない気持ちで子どもを迎えたのなら、それが何よりの周囲への説得になります。**

ケース2

不妊治療から特別養子縁組へなかなか踏み出せなかったユキさん

――子どもを迎えた年齢・43歳／そのときの子どもの年齢・0ヵ月

結婚18年目のユキさんとケンさんは２０１４年の春、特別養子縁組を仲介する民間団体を通じて、生まれたばかりのマイちゃんを養子に迎えました。その前の年に団体に育て親候補として登録したときは、ユキさんが42歳、ケンさんが45歳で、当時の団体の規約では、育て親候補に登録できる年齢の上限ぎりぎりでした。

不妊治療をやめるまで

２人は職場で知り合い、ユキさんが26歳のときに結婚しました。ユキさんの20代は仕事一色でした。同期入社のケンさんの仕事も猛烈に忙しく、朝しか顔を合わせないこともよくありました。その頃は、ケンさんが「そろそろ子どものことを考えたい」といった話をすると、ユキさんは「今は無理」と断言していたそうです。当時、出産した同僚の女性たちはみな、仕事を辞めるか、補助的な業務に配置転換させられていたからです。

大学受験の直前に病気になり、第1志望をあきらめた経験があるユキさんは、「仕事では頑張りたかった」と言います。その後、30代でフラワーアレンジメントの講師として独立しますが、その後も夫婦でまじめに子どもの話をすることはありませんでした。

子どもを持つことを考え始めたのは、30代半ばでの母親の死がきっかけです。一人娘のユキさんにとって、母は誰よりも自分を理解し、応援してくれる親友のような存在でした。子ども好きの母親は生前、「自分たちの子どもができなければ、養子を迎えればいい」と話していました。母を亡くしたとき、ユキさんは初めて、「孫の顔を見せてあげたかった」と思いました。

39歳のとき、人間ドックで卵巣嚢腫《のうしゅ》が見つかります。婦人科の医師から「妊娠すればよくなるかも。最後のチャンス」と言われ、夫婦は不妊治療を始めます。最初の数ヵ月はタイミング法で自然妊娠を試みましたが妊娠に至らず、本格的な不妊外来に通うことにしました。人工授精を6回行いましたが、なかなか妊娠しません。卵子や精子の状態は良好で、不妊の原因はわからず、医師も「次はがんばりましょう」と言うばかりでした。

ユキさんは、妊娠のためによいと思えることは何でも試しました。玄米や有機野菜を中心とした食事に切り替え、お酒やカフェインを控え、漢方や鍼治療にも通いました。排卵期は激しい運動を避けたほうがよいと聞き、通っていたジムもやめました。がんばっていただけに生理がきたときの落ち込みは激しく、イライラすることが多くなりました。

「何も悪いところがないのだから次こそは」という期待と、「これだけ犠牲を払ったのだから妊娠するまでやめられない」という意地とで、治療をやめることは考えられませんでした。「いつの間にか、妊娠というゴールを目指して、レースを走っているような心理状態になっていたのかもしれません」

もう一つ、気になっていたのが、夫の祖母のこと。やさしい性格のケンさんはおばあちゃんの自慢の孫で、遊びに行くたびに「ひ孫を見ずに死ねない」と言われました。いつしかユキさん自身も「彼の子を産んで喜ばせたい」と思うようになります。じつはケンさん自身はまったく血のつながりにこだわっていなかったのですが、ユキさんが治療に一生懸命だったので、「もうやめたら」とは言い出せずにいたのです。

特別養子縁組との出会い

そんなとき、東日本大震災が起きました。テレビで震災孤児のニュースが流れたとき、ケンさんが「うちでいいなら、この子たちを引き取りたい。ユキ、調べてみてくれないか」と言いました。「不妊治療を続けてもいいけれど、並行して考えよう。親が年をとっていたら、迎える子どもがかわいそうだ」とケンさんに言われ、ユキさんはインターネットで養子縁組について調べ始めました。

それでも、ユキさんは心の底で「いつか妊娠するはず」と思っていました。その後も1年ほど治療を続け、体外受精に進むため転院します。紹介されたのは都内でも指折りの成功率の高さで知られるクリニックでしたが、妊娠を最終目標に定めて突っ走っていたユキさんが気後れしてしまうほどの、「妊娠だけがゴール」という医師の姿勢にはちょっとした違和感を抱きました。それでも、「治療を休みたい」とは言い出せないまま、2回立て続けに体外受精をしたところで仕事が忙しくなり、治療を休止します。3ヵ月ぶりに受診すると、担当医は「やる気あるの？」とイライラしたようすで、「今回（の周期）は診ませんから」と言い放ちました。

ユキさんは腹が立ち、ケンさんに「病院を替えようと思う。○○区にいいところがあるらしいの」と切り出すと、ケンさんはこう言いました。「どこ行っても同じだよ。子どもを迎えるなら早いほうがいいよ」その言葉に、ユキさんはようやく、不妊治療をやめる決心がつきました。

そして、ケンさんに言われて少しずつ調べていた「特別養子縁組」が、現実的な選択肢として、はっきりとユキさんの心に浮かびました。そこからは、もう迷うことはありませんでした。

子どもとの日々

マイちゃんは今、2歳。大きな病気もせず、元気に育っています。赤ちゃんの頃から好奇心旺盛で、絵本と音楽、動物が大好き。色彩にも興味を示し、きれいな色のものに目がありません。ユキさんは仕事柄、家の中に季節の草花を使ったリースや生花を絶やしませんから、そんな色彩豊かな生活環境も影響しているのかもしれません。

ユキさんはマイちゃんを迎えてからフラワーアレンジメントの仕事は休んでいましたが、マイち

ゃんが1歳になった頃から、少しずつ再開しました。以前からの生徒たちを自宅に呼んで教えたり、自分が住むマンション内のサークルや公民館の講習を引き受けたりしています。そんなときは、近くの県に住む父親に子守を頼むことが多いそうです。

10年ほど前、ユキさんの母親が亡くなった当時、父親はすっかり元気をなくし、家に閉じこもりがちでした。それが、今は電車とバスで1時間半の道のりをものともせず、毎週のようにマイちゃんの世話をしにやってきます。「マイが中学生になるまで生きたいな」と言う父の姿に、ユキさんは、マイちゃんが家族みんなにもたらしたものの大きさを実感しています。

今、ユキさんは月に10日ほど仕事をしています。毎回、マイちゃんを父親に頼むわけにもいかず、保育園を探しましたが、あいにくどこもいっぱい。そこで幼稚園に入るまでの間は、週2回、英語で保育を行っているプリスクールに通わせることにしました。驚いたのがマイちゃんの成長です。耳からどんどん英語を覚え、「今日はいい天気だね」とサラリと英語で言ったり、ものの数を聞くと、日本語でなく英語で答えたり、その吸収力は先生が驚くほど。「子どもの可能性ってすごいと思いました。興味を持ったことはどんどんやらせて、能力を伸ばしてあげたい」とユキさんは言います。

一方で、マイちゃんは今、イヤイヤ期まっただ中。自立心や反抗心も旺盛で、ユキさんは日々、マイちゃんを叱ったり、教えさとしたりしています。「話をするときは相手の目を見る」「食事をするときはきちんと座ってちゃんとお箸を使って食べる」といった基礎的なことは、マイちゃんがどんなに嫌がっても、しっかり教えたいと言います。「時々、私は厳しすぎるのかな、血がつながっている親はもっと子どもに優しいかなって不安になります。でも、子どもの頃に教わった基本的なマナーは一生自分から離れないし、大人になって自分を助けてくれる。母もマナーに厳しかったけれど、今は感謝しています。母が私にしてくれたことを、私もマイに伝えたいんです」

ケンさんも、子育てにとても協力的です。大柄なケンさんは赤ちゃんのときからマイちゃんの抱っこ役。不思議なもので、マイちゃんは赤ちゃんの頃から、どこかケンさんに似ていました。育てているうちに、ますます似てきたね、と夫婦で話しているそうです。ケンさんがマイちゃんを抱っこヒモに入れて歩いていると、よく「パパ似の赤ちゃんですね」と言われるそうです。「一緒にいると、似てくるんですかねえ」ユキさんはそう言うといたずらっぽく笑いました。

処方箋 その2 不妊治療を始めるときは、いつまで続けるか考えておく

20〜30代の共働きの夫婦は毎日が忙しく、きちんと話し合うべき子どもの問題を先送りしてしまいがちです。ユキさんとケンさん夫婦の場合、不妊の原因がわからなかったことも、結果的に養子縁組への気持ちの切り替えを遅らせることになりました。「今思えば、夫は早くから養子縁組を考えようと言っていたのですが、私のほうが妊娠にこだわっていました」とユキさん。「夫の言葉がなければ、病院を替えて今も治療を続けていたかもしれません」

じつは、**特別養子縁組をするにも、育て親に年齢制限があるところがほとんどです。**不妊治療を始めるときには、漠然とでも、「どのくらいの期間続けるか」「妊娠しなかったらどうするか」を2人で考えておいたほうがいいでしょう。

また、**夫婦のどちらか一方の決断で養子を迎えることはできません。**特別養子縁組を仲介する児童相談所や民間団体は、それが夫婦2人の決断であることを重視します。夫婦は他人同士ですから、「以心伝心」などという言葉は通用しません（50年も連れ添えばそれも可能かもしれませんが）。子どもを持つということは、互いの人生にとって重要な決断ですから、きちんと話し合うようにしましょう。

ケース3

「育て親の年齢制限」という壁にぶつかったミサコさん
――子どもを迎えた年齢・45歳／そのときの子どもの年齢・0ヵ月

「娘と出会えたのは運命。本当に感謝しています。ただ、あと5年早く親になっていたら、もっと子どもといろんなことを一緒にできただろうなとも思います」出版社に勤めるミサコさんとプログラマーのトオルさんは45歳のとき、生まれたばかりのタエちゃんを養子に迎えました。

不妊治療をやめるまで

同い年の2人は26歳で結婚。若い頃はとにかく仕事が忙しく、「子どもはいつかできるだろう」と思っていました。ミサコさんは30代前半で雑誌の編集長を任され、ひと月おきに海外出張をこなす日々。トオルさんもその頃、仕事で独立し、一緒に食事をするのは週末だけということが何年も続いて、気づけば40歳は目の前に迫っていました。

38歳のとき、ミサコさんは本格的な不妊治療を始めます。大学病院に2年ほど通ったあと、体外受精を行う専門クリニックに転院しました。さらに数年治療を続けましたが、あまり状態のいい卵子が採取できず、受精卵を体内に戻せたのは最初の1～2回だけでした。治療の過程で子宮筋腫があるとわかったときは、思い切って手術で取ることにしました。「筋腫がなければ妊娠できるかもしれないと、わずかな望みにかける思いでした」

半年間、不妊治療を休み、再開したときには43歳になっていました。ところが、筋腫はなくなっても、やはり体外受精ができるまでの卵子が育ちません。ミサコさんは「もう無理なのかもしれない」と思い始めました。その後、一度だけ体外受精に挑みましたが、それが最後の治療となりました。

その頃、トオルさんの父親ががんで他界します。義父は最期に、長男であるトオルさんに「養子を迎えなさい」と言い残して逝ったのです。「お義父さんの言葉はずしんときた」とミサコさん。トオルさんの両親はそれまで、夫婦に子どもがいないことを問い詰めたり、責めたりしたことは一度もありませんでした。ミサコさんほどには子どもを持つことに真剣ではなかったトオルさんも、父親の言葉を聞いて、孫の顔を見せられなかったことを残念に思ったようです。「自分たちの人生の終わりを意識しはじめたら、次の世代につないでいく存在がほしいと強く思った」とミサコさんは言います。

特別養子縁組との出会い

このまま不妊治療を続けていても成功の保証はない。そう考えた夫婦は、特別養子縁組という選択肢を本気で考え始めます。ところが当時、特別養子縁組を仲介する民間団体の多くは、育て親の年齢制限を登録の時点で40歳前後に設定していて、2人の年齢ではどこも対象外でした。2人が住む地域の児童相談所では、「育て親と子どもの年齢差が45歳以下」となっていましたが、高齢の親にはほとんどあっせんされないとも聞いていました。海外の子を迎える国際養子縁組も調べましたが、国内在住の日本人夫婦にとってはかなりハードルが高いようでした。

米国に住む友人からは「渡米して代理出産を頼むほうがよほど簡単よ」と言われ、「それしかないのかも」と真剣に悩んだ時期もありました。その頃、ミサコさんの親戚の夫婦に4人目の男の子が生まれたと知り、ひそかに養子縁組を打診したこともあります。「産んだ母親にかなりひかれて、あわてて打ち消しました。結局、代理出産を頼む気持ちにもなれなかった」

タエちゃんとの縁を得たのは、テレビのニュースがきっかけです。生みの親が育てられない赤ちゃんを匿名で預かる、熊本市の慈恵病院の「こうのとりのゆりかご」の取り組みが放映され、「ここなら、何かきっかけをつかめるかもしれない」とわらにもすがる思いで病院に問い合わせのメールを送りました。すると病院から、連携する民間の養子縁組仲介団体を紹介されたのです。

　ミサコさんはすぐにその団体に連絡をとり、説明会に参加しました。面接を受けて、育て親候補として登録し、子どもとの縁を待ちました。半年ほど経ったある日、団体の代表から突然、電話が入ります。「赤ちゃんが生まれました。すぐに会いに来てもらえますか」

子どもとの日々

　人知れず不妊治療をしていた頃、近所のおばさんから「子どもさんはまだ？　むずかしいなら養子をとったらいいじゃない」と言われたときはカチンときたそうです。「当時は特別養子縁組ってものすごくハードルが高いと思ってい

たので、そんなむずかしいことを簡単に言わないでよ、という気持ちでした」でも、今は「タエとは、特別養子縁組で出会う運命だったと思う」ときっぱり。「家族3人でいることがあまりに自然だからです。最近は顔まで似てきたみたい」

夏の夜、3人でスイカを食べながら、プッ、プッと種を吹き出したり、庭先で花火をしたり。そんな何げない日常に「私たち、家族なんだ……」とじんわりと幸せな気持ちがわき起こってくると言います。「あのとき、慈恵病院にメールを送っていなければ、タエとはめぐり合えなかった」その意味ではこれまでのプロセスに何の後悔もありませんが、「あと5年早く行動していたら」とも思うそうです。「出産するにせよ、養子を迎えるにせよ、早く子どもと出会えれば、もっと体力もあって、いろんな遊びを一緒にできる。それに、それだけ長く一緒にいられるでしょう」

処方箋 その3 不妊治療を始めたら、特別養子縁組も選択肢に入れておく

ミサコさんが強く言っていたのは、「結果的に自分で産むにせよ、養子を迎えるにせよ、子どもを持つための複数の選択肢を考えておくことが大事」だということです。民間団体のほとんどが育て親の年齢制限を設けています。ミサコさん

も、慈恵病院に行き着くまで、「もう子どもを迎える道はないのかと絶望的な気持ちになっていた」と言います。

ミサコさんは、子どもを迎えて生活も人生観も一変したそうです。仕事は続けていますが、自分で時間を管理しやすい、残業が少ない部署に異動しました。「娘が起きているうちに家に帰ろうと思うし、残業の日も、ああ一緒にごはん食べたかったな、と思います。今は百パーセント子ども中心。こんな気持ちになるとは思いませんでした。もっと早く、子どもを持つことを考えるべきでした」

自分で産むことにこだわらなければ、子どもを持てる可能性は広がります。子どもがほしいけれど、なかなか授からない、という状況になった時点で、不妊治療以外の選択肢も頭に入れておくのがベスト。そうすれば、不妊治療に行き詰まったときに、すぐに別の選択肢に切り替えることだってできると、ミサコさんは反省も込めて、後輩たちに伝えているそうです。

ケース4

特別養子縁組まで時間をかけて準備したケイコさん
――子どもを迎えた年齢・34歳、36歳、39歳／そのときの子どもの年齢・いずれも0ヵ月

39歳の主婦ケイコさんは、5歳の息子と3歳の娘、そして0歳の娘の母親です。ひとまわり年上の夫ケンジさんと、夫婦でたくさん話し合い、気持ちの準備をして、5年前に長男を養子に迎えました。待望のわが子とめぐりあい、子育てに没頭する間にも、家族が1人増え、2人増え、今は3人の子どものお母さんです。子どもたちはいずれも、生まれてすぐに養子に迎えました。「自分で産んでいないだけで、あとは普通の子育てと変わりません。ごはん食べて、笑って遊んで、小さなことでイライラして、こちらの都合で怒って反省して。育児ってたいへん。でも、幸せ！」

飾らない性格のケイコさんは、自然体で子育てを楽しんでいます。パートで保育士をしながら、子どもの遊び場づくりをするＮＰＯでも中心となって活動していたケイコさんは、ケンジさんとその活動を通して知り合いました。2人とも、大の子ども好きなのです。

子どもを迎えてからは、ＮＰＯの活動にさらに力を入れ、戸外で育児をする親子サーク

ルをつくり、年間を通じて自然のなかで子育てをしています。サークルの仲間たちにも、養子縁組で家族を迎えたということを知らせています。「40歳になる前に3人の子どもの母親になれるなんて、夢のようです」とケイコさんは言います。

特別養子縁組との出会い

ケイコさんは20歳の頃、正常に来ていた生理が突然止まり、婦人科を受診しました。25歳でケンジさんと結婚したのを機に、さらにくわしい検査をしたところ、早発閉経との診断で、卵子のもとがないと告げられました。「99％ダメだと思っていても、1％に賭けていたので、深く絶望しました」。ケンジさんの遺伝子を残せないことを申し訳なく思い、卵子提供についても調べましたが、何の保証もないなか、個人で海外に出かけていくのは想像しただけで恐ろしく、それ以上の検討はしませんでした。

産めないとわかってからも、子どもを持ちたいという思いは消えませんでした。「自分で産むことができないとしても、子どもと過ごす人生をあきらめられなかった」というケイコさんは、望みをかなえるもっとも自然な道として、特別養子縁組という選択肢に行き着いたといいます。里親制度についても考えてみましたが、一緒に暮らした子どもと別れることを考えると涙が出てしまい、自分には無理だと思いました。

32歳のとき、婦人科の主治医に「特別養子縁組を考えています。早発閉経の診断書を書いてほしい」と頼んでみました。診断書は、もちろん特別養子縁組に必須のものではありませんが、子どもが持てないことを医学的に説明できれば、子どもと出会える確率が少しでも高くなると思ったからです。主治医は「そういう道もあるね」と応援してくれました。

それからは、自分が住む地域の里親会などにも参加しました。ふだんはせっかちなケイコさんですが、こと特別養子縁組については、少しずつ資料を集め、ケンジさんと相談し、ゆっくりと夫婦の気持ちを固めていきました。その間、里親になるための研修を受けたり、特別養子縁組を仲介する民間団体の説明会に参加したりもしました。「縁組を仲介する団体とは一生付き合っていくことになるのだから、雰囲気や方針をよく知って自分たちと合うところを探したい」と考えていたのです。

ケイコさんが民間団体との関係を重視するのは、いつか子ども自身が望めば、生みの親に会わせたいと思っているからです。団体は、生みの親と子ども、育て親をつなぐ唯一の存在です。団体が生みの親との関係をどう保っているかは、ケイコさんにとって大きな関心事でした。

「生みの母が子どもの育つ状況を知りたいと思うのは当然だと思います」とケイコさんは

言います。育て親のなかには、生みの母が子どもに会うと「やっぱり返して」と言い出すのではないかと不安に思う人がいるのも事実です。でも、ケイコさんは「わが子を養子縁組に託す選択が間違っていなかったと思えばこそ、遠くから見守っていこうと思うのではないか」と考えています。**「生みの母も育ての親も、命を守るという思いを共有しているからこそ、養子縁組が成り立つのだと思う」**

ケイコさんは、子どもがいつか生みの親に会いたいと思うのは自然なことだと考えています。「再会したとき、『遠くから見ていたよ』と生みの親に言われたら、子どもは自分の人生をいっそう肯定できると思うのです」

ケイコさんが時間をかけて特別養子縁組に向けての準備をしている間、ケンジさんは、ケイコさんがあれこれ調べてきたことの報告を聞いて相談にのりながら、「僕は２人でも十分幸せだよ。子どもは授かりものだから、無理をすることはないよ」と、前のめりになるケイコさんをいさめる役割でした。

ケイコさんが活動する、子どもの遊び場づくりをするＮＰＯでは、さまざまな子どもたちに出会います。「こうやって子どもと関わる人生もいいかな……」と肩の力が抜けた頃、育て親候補として登録していた民間団体から、「赤ちゃんが生まれました。お迎えにきてください」と連絡が入りました。それが、長男ダイ君との出会いでした。主治医に診断書を書いてもらってから2年が経っていました。

子どもとの日々

妹のモモちゃんを迎えたとき、ダイ君は2歳。もともと甘えん坊でしたが、妹にお母さんをとられまいと、しっかり「赤ちゃん返り」をしました。モモちゃんを抱っこしていると、「ぼくも赤ちゃんになるー」とケイコさんにしがみつき、おんぶをせがみます。

「あの頃は四六時中、長男をおんぶしていた記憶があります。ほかに手があるときはモモの抱っこを人に頼み、できるだけ『大きな赤ちゃん』のほうに気持ちを向けるようにしていました」

2人目の妹ユイちゃんを迎えたときは、ダ

イ君は自分から「赤ちゃんを迎えにいきたい」と言い、お兄ちゃんぶりを発揮しました。食事どきなど、下の子たちにかかりきりになるケイコさんを気遣い、食べ終わったお皿を片付けたり、ケイコさんがお皿を洗っている間、代わりに赤ちゃんを見たりしてくれます。

3人の子育てでてんやわんやの毎日ですが、一日を終えてみんなで眠りにつくとき、ケイコさんは子どもたちに「生まれてきてくれてありがとうね」と語りかけます。**「子どもは、その存在自体が光です。私たち夫婦だけでなく、親や親戚もこの子たちに力をもらっていると感じます」**

ダイ君を迎えるとき、民間団体を通じて生みの母に渡した手紙に、ケイコさんは「この子が大人になったとき、家族を持って命をつなげていけるよう、大切に守り育てていきます」と書きました。「私たちの役割は、この子たちが人を愛せる人間になるよう、愛情を注いでいくこと。**養子縁組は命のリレーなのだと思っています」**

処方箋 その4 登録する民間団体は慎重に選ぶ

ケイコさんは、養子を迎えると決めてから、いろいろな民間団体についてインターネットで調べました。それだけでなく、地域の里親サロンに出かけたり、いくつかの民間団体の説明会に参加してみたりと、自分たちの目でさまざまな情報を確認しています。これはとても大事なことです。なぜ、特別養子縁組を仲介しているのか。どんな基準で育て親を選んでいるのか。団体に尋ねてもはっきりとした答えが得られない場合は、その団体で実際に子どもを迎えた育て親の先輩たちを紹介してもらうのもいいでしょう。ホームページからだけではわからない、団体の「雰囲気」もつかめるはずです。

ケイコさん夫婦は、2人の考え方にぴったりくる団体を見つけて、そこだけに登録しました。子どもと出会うには児童相談所を通す方法もあります。ただ、ケイコさんのこだわりが「生みの母との関係性を大事にする」ということだったので、結果として、生みの親へのフォローが手厚い民間団体を選ぶことになったのでしょう。第3章でくわしく説明しますが、児童相談所の役割はおもに生まれてきた子の保護であるのに対し、民間団体の多くは、妊娠に悩む生みの母に寄り添い、出産を支えることも重要な仕事ととらえています。

民間団体が生みの親の妊娠から出産までをしっかり支えていることは、育て親にとってもとても重要な意味を持ちます。子どもが「自分は望まれて生まれてきた」という感覚を持てるかどうかは、子どもが安心して生きていけるかどうかに影響するからです。生みの母と団体が、縁組後も連絡をとりあう手段はあるのか、子どもの遺伝情報などが必要なとき、団体を通じて情報を得ることはできるのかといったことも、知っておく必要があるでしょう。

また、子どもたちは思春期になると、生まれてきた背景を知りたくなるものです。自分のルーツを知りたいと思うことは人間の基本的な欲求であり、すべての子どもに認められる権利です。親には直接聞きづらくても、第三者になら素直に聞けるかもしれません。民間団体は親子の縁組をして終わりではなく、子どもの成長に応じて、育て親や子どもたちに助言をしたり、見守ったりする役割も担っているのです。

JUNO／ジュノ

ジェイソン・ライトマン 監督／ディアブロ・コディ 脚本
エレン・ペイジ／マイケル・セラほか
2007年 アメリカ

あらすじ

16歳の高校生ジュノはパンクロック好きでちょっとオタクな、自分の意見をしっかり持った女の子。ある日、ボーイフレンドと好奇心から一線を越え、まさかの妊娠をしてしまいます。しかし、中絶のために訪れた施設の嫌な雰囲気と、入り口で中絶反対を訴えていた同級生の言葉に立ち止まり、産むことを決意します。自ら育て親を探し、養子に出す決意をしたジュノは、タウン誌に広告を載せていた夫妻にアプローチ。父親と一緒に夫婦の家を訪れ、子どもを託す約束をしますが……。日々大きくなるお腹を抱えたジュノが人間的にも成長していく姿を、懐かしいサウンドにのせて描く、ちょっと変わった青春映画。

生みの母が自ら子どもを託したい夫婦を探す養子縁組のスタイルは、アメリカではめずらしくありません。このやり方だと、育て親と子どもは、ほぼ生まれた直後から親子となって愛着関係を築くことができるので、育て親たちにとても人気があります。

このように、生みの親と育て親がお互いのこと（職業や家族関係など）を知った上でおこなう養子縁組を「オープンアダプション」といい、現在、アメリカの養子縁組では主流となっています。

オープンアダプションでは、生みの親から直接、子どもの医学上の情報（近親者に遺伝性の疾患を持った人がいるか、など）が得られることや、子どもが思春期に自分の出自を知りたいと思った際、その希望に応えやすいことから、育て親にも有益な場合が多いといえます。

映画では、育て親が雇った弁護士が仲介して手続きを進めています。民間団体を介さない、

個人間の契約の場合は、費用や養育方法をめぐって後からトラブルにならないよう、弁護士を通して細かな部分まですべて契約で決めておくのが一般的です。

また、ジュノの家族は娘のことを深く愛し、出産まで最大限、寄り添っていましたが、現実には生みの親は実家や親戚からの支援を受けられず、出産費用を負担できないケースも多いのです。生まれる前から養子として委託する約束を結び、出産の立会人が育て親だけ、というケースもあるそうです。

この映画では、何といっても主人公のジュノの凜とした強さが印象的です。生みの親は、子どもの幸せを願うからこそ、お腹を痛めて産んだ子どもを、自分に代わって愛情を注いでくれる、信頼できる第三者に託すのです。ジュノの堂々とした態度と揺らがない信念は、養子縁組のあるべき姿を体現しているといえるでしょう。

ケース5

不妊に悩み、週末里親も経験したアイリさん

——子どもを迎えた年齢・38歳／そのときの子どもの年齢・11ヵ月

主婦のアイリさんは42歳。4歳になるハルマ君から「お母さん」と呼ばれるたびに、心がじんわり温かくなるのを感じます。「この子のお母さんは、私なんだ」いつかこんな日が来ることを祈りながら、数年前まで、長いトンネルの中を歩いていたのです。

不妊治療をやめるまで

27歳のとき、20歳の頃から交際していた2歳上のハヤトさんと結婚し、彼の勤務先の関西地方の一都市での新生活が始まりました。夫婦ともに子どもはすぐにでもほしかったのですが、慣れない土地で始めた仕事がストレスとなり、アイリさんの生理が止まります。ほどなく異常に気づきますが、婦人科には行きづらい気がして、半年ほど放っておきました。家の近所に女性の医師がいるクリニックを見つけ、ようやく受診したところ、排卵がなくなっており、卵子の入った卵胞も育っていないと言われました。

当時はインターネットもそれほど普及しておらず、アイリさんは情報を求めていくつも

病院を替えました。どの病院でも、基本的な治療は、ホルモン注射を打ち、人為的に排卵を起こすというものでしたが、いっこうに卵胞が育つ気配がありません。

ハヤトさんも、彼の両親も、アイリさんの不妊を責めたことは一度もありませんでした。でも、アイリさんは自分を責めました。不妊治療の専門クリニックに行っても、初診で「むずかしいな」とさじを投げられ、「あなたが妊娠したら学会で発表できるほど確率は低い」とさえ言われました。

「自分には何のとりえがあるのだろう」30歳前後の数年間、アイリさんは「深い闇の中にいるようだった」と言います。知り合いから子どもの写真付きの年賀状が届くたび、破り捨てたい衝動に駆られました。マンションで子連れの人とエレベーターに乗り合わせそうになると、とっさに階段を選びました。その頃は、午前中はパートをしながら、午後は病院に通っていました。不妊治療の影響でホルモンのバランスが崩れるせいか、毎日泣いていました。「今思えば、うつ状態だったのかもしれません」

その後、鍼灸や漢方などの東洋医学を併用するうち、体調がよくなり、排卵も起こるようになりました。アイリさんは体外受精を目指し、数年間、不妊治療を続けました。ただ、体外受精のための採卵に至ったのはたったの1回だけでした。年齢を重ねるうち、次第にむなしい気持ちになっていったと言います。「治療を続けていれば、100人に2〜

3人は奇跡的に妊娠する」と医者は言っていましたが、自分がその「2〜3人」に入るとはどうしても思えなかったのです。

特別養子縁組との出会い

その頃、アイリさん夫婦が住む都市の広報紙に、ある民間の里親支援団体が主催するシンポジウムの告知が載りました。里親制度について多少の知識はあったアイリさんは、「なにか子どもに関わることをしてみよう」と夫婦でシンポジウムに参加します。そこで里親についてくわしい説明を聞き、趣旨に賛同して市の里親に登録したところ、1年ほど後に、2歳の男の子の「週末里親」をすることになりました。

「男の子は本当に可愛かった」とアイリさんは振り返ります。「おかあたん」と最初から呼んでくれて、週末や夏休み、冬休みとまとまった期間、家に迎えるたびに3人で夢中で遊びました。田園風景が残るアイリさんの実家にも連れていきました。一緒に過ごせば過ごすほど、自分の子どもにしたいという愛着がわいたそうです。表情がなかった男の子が、1年後には表情豊かになり、施設に送っていくたび、別れ際に泣いたり、アイリさんにわがままを言ったりするようになりました。

実親が引き取れる見込みになったとの理由で、1年ほどで男の子との交流は終わります。アイリさんには後ろめたい気持ちが残りました。「仕方ないこととはいえ、彼をうちの子として迎えてあげられなかったのが申し訳なくて」男の子との別れがつらすぎて、夫婦で改めて特別養子縁組を申し込むまで、それから2年の歳月が必要でした。それでも、「週末里親の経験が、特別養子縁組へ背中を押してくれたのは確かです」とアイリさんは言います。

アイリさんが37歳の夏。男の子との別れがあってから、夫婦であちこちに旅行し、おいしいものも食べ、できる限り2人の生活を楽しもうとしてきましたが、その夏は、特にすることがない週末が続きました。ある週末、「このままでいいのかな」と夫が言いました。夫婦の間にはずっと「子どもがいたら」という共通の願いがあったのです。

アイリさん夫婦が住む都市と周辺の自治体は、前述のシンポジウムを行った里親支援団体と協力して、家庭を必要とする施設の子どもたちに育て親を探す活動もしています。毎週末、地元の新聞に子どもたちが顔写真つきで紹介され、育て親希望者は意中の子どもがいたら団体に申し込むのです。アイリさんは「子どもの人生を大人が決めてしまう気がして」躊躇《ちゅうちょ》していました。その団体が行っている、育て親希望者向けの講座に来る夫婦はみな社会貢献に積極的で志が高いように見えたこともあり、若干気後れもしていました。

でも、ハヤトさんの「そんなに難しく考えなくても、子どもを抱きしめてあげればいいんだよ」という言葉で吹っ切れたと言います。

夫婦は児童相談所に特別養子縁組希望の里親として登録し、以後は毎週末、新聞を開いては、夫婦で話し合っていました。「この子がいい」とアイリさんが思っても、ハヤトさんと意見が合わず、けんかになることもありました。

子どもとの日々

そして、忘れもしない晩秋の日曜日。新聞に生後4ヵ月のハルマ君の写真が載ったとき、「そこだけ光り輝いているようだった」とアイリさんは振り返ります。ちょうど、夫婦げんかをして仲直りしたタイミングでもあったせいか、夫婦の息はピタリと合いました。「この子だ！」互いの意思を確認しあい、すぐに育て親として団体に申し込みました。

それから家に迎えるまで7ヵ月。乳児院で初めて対面し、1ヵ月ほど、ほぼ毎日、乳児院に通って研修を受けました。それから1泊2日の短期外泊が許されるようになり、約半年後、ハルマ君を特別養子縁組を前提として家に迎えたときは11ヵ月になっていました。

児童相談所を介した場合は、民間団体を介した場合より委託までに長い時間がかかるのが一般的です。「4ヵ月のときに出会っているのだから、もっと早く家族に迎えて、もっとたくさんの思い出を共有したかった」とアイリさんは言います。それでも、ハルマ君が1

歳で歩き始めるのも、言葉をひとつずつ覚えるのも、夫婦はすべて「家族」として見届けました。

「子どもがいる生活がこんなに楽しく、心地よいものだなんて。あれこれ悩んでいた時間はなんだったんだろう。もっと早く、養子縁組に向けて動き出していたらなあと思います」とアイリさん。子どもを通して地域にとけこみ、友だちもたくさんできました。幼稚園で使う持ち物を縫ったり、お菓子を焼いたりしながら「不器用だと思っていたけれど、子どものためならこんなこともできるんだ」と自分を再発見したり、夜、手をつないで歩くハルマ君の「お母さん、お月様がついてきているよ」という言葉にハッとしたり。子育ては毎日が発見や感動の連続です。

ハルマ君は目がくりっとした美男子で、周りからよく「かわいいね」と言われます。アイリさんはそんなとき、「そうでしょ、かわいいのよ」と言いそうになります。「自分が産んでいないから、客観的に見られるんですね。感性の鋭さとか、自分にないものを持っていると思います」

処方箋 その5 里親を経験してみる

アイリさんが経験した「週末里親」は、国の里親制度の一つです。里親を経験すると、子どもと過ごす日々がどんなものかが実感としてわかります。**「自分が親になれるのだろうか？」「親になっていいのだろうか？」という不安は、愛情を必要としている子どもと真剣に向き合うことで、いつしか消えていることに気づくでしょう。**

アイリさんも、当初は周りの里親たちが立派に見えて、自信が持てなかったそうです。でも、迎えた男の子がアイリさん夫婦になつき、いっしょに楽しい時間を積み重ねることで、「親になれるだろうか」という心配は吹き飛びました。子どもと誠心誠意向き合い、信頼関係を築けたことが、子育てへの自信につながっていったのです。

男の子の里親委託が解除され、施設に戻っていったとき、アイリさんは「うちの子にできなくて申し訳ない」という悔恨の念を抱きました。それは想像以上につらい体験だったと言います。でも、週末里親の体験は、子どもを慈しみ育てるとはどういうことかを夫婦に教えたのではないでしょうか。それが、特別養子縁組という決断につながったのです。

ケース6　子宮を全摘出し、病院のベッドで特別養子縁組を決断したカナさん

――子どもを迎えた年齢・34歳／そのときの子どもの年齢・0ヵ月

主婦のカナさんとデザイナーのヒロキさんは、入籍から丸3年たった結婚記念日に、特別養子縁組を仲介する民間団体に資料請求をしました。そのときカナさんは33歳、ヒロキさんは31歳でした。じつはカナさんはその1年前に、お腹のなかで10ヵ月まで育ったわが子を失い、子宮を全摘出するという壮絶な苦しみを体験しています。夫婦で子どもを育て

ることをあきらめたくなかったカナさんは、手術後、病室のベッドのなかで、こっそり持ち込んだスマートフォンを使い、特別養子縁組について調べ始めました。それから2年後の夏、生まれたばかりのカズキ君が、夫婦のもとに迎えられました。

特別養子縁組との出会い

結婚2年目の夏、出産予定日を2週間後に控え、実家に里帰りしていたカナさんは、深夜に突然、猛烈な腹痛に襲われ病院に運ばれます。胎盤剥離による大量の出血が続いていました。カナさんは意識を失い、同行した両親が緊急帝王切開手術の承諾書にサインしました。赤ちゃんは死産でした。開腹した部分はいったん閉じたものの、翌朝、ふたたび出血が始まり、ヒロキさんは医師から「子宮をとらないと奥さんの命が危ない」と言われます。今度はヒロキさんが、本人に代わって承諾書にサインしました。「何としても妻の命を助けたい」ほかに選択肢はありませんでした。

数日後、カナさんは深い眠りから目覚め、娘と子宮を失ったことを知りました。医師からは退院の前日に手術の経過や身体への影響について説明を受け、「自分では産めないが、代理出産という方法もある。ただし国内ではできないので、その場合は海外で探してください」と言われたそうです。「その選択は現実的ではありませんでした」とカナさん。「自分が出産で死にそうな目に遭ったので、他人にそんな危険なことは頼めないと思ったのです」

一方でカナさんは、病室で意識が戻ったときにはヒロキさんに「養子を迎えよう」と切り出しています。大学で法律を勉強し、特別養子縁組という制度について多少の予備知識がありました。「妊娠する可能性が0%になった以上、ほかの選択肢はないと思ったのです」2人で子どもを育てたい。夫婦2人でも楽しいのだから、子どもがいたらどれだけ楽しいだろう――。赤ちゃんが生まれるのを心待ちにしていたカナさんにとって、死産、そして子宮摘出は筆舌に尽くしがたい体験でした。大好きなヒロキさんとの間に生まれる子どもを見てみたいという気持ちも、なかったといえばうそになると言います。

「あの経験で、人生には努力してもどうにもならないことがあるのだと思いました。それまで、自分の力で幸せをつかんできたと思っていたけれど、じつはその時々の環境や運、人との縁に助けられてきたのだと、周りへの感謝の気持ちがわいてきたのです」

そうした気持ちの変化のなかで、養子という選択肢はごく自然に立ち現れてきたそうです。ヒロキさんは、病室で初めて聞く「特別養子縁組」という言葉に驚いたようでしたが、「カナが元気になるなら」とすぐに同意してくれました。ヒロキさんは、カナさんの命が助かったことに安堵し、一日も早く精神的に立ち直ることだけを願っていました。

「カナが生きているだけで十分。子どもを産めないことは、僕にはさほど大きな問題ではなかった」とヒロキさんは言います。

子どもを望む思いは、カナさんのほうが強かったようです。「結婚は喜びを2倍にし、悲しみを半分にするというけれど、子どもがいたら喜びは3倍、悲しみは3分の1になるんじゃないかと思ったんです」とカナさん。双方の両親には、民間団体に育て親として登録する時点で、2人の意思を伝えました。どちらの親からも反対は一切なく、カナさんの両親は一人娘の選択を喜び、応援してくれました。

子どもとの日々

そんな確かな決意のもとで特別養子縁組の育て親に登録したものの、実際にカズキ君を迎えるまで、カナさんは、「失った子の身代わりにはしたくない」とか、「周りの誰もやっていないことをうまくできるだろうか」と頭のなかでぐるぐる考えていました。

でも、いざカズキ君を迎えてみると、すべての悩みが吹き飛ぶほどの忙しさ。無我夢中で育てるうち、「私たちの子どもだ」という思いが自然にわいてきて、気がつけば、縁組前に思い悩んでいたことは、すべて消え去っていたと言います。6ヵ月になるカズキ君は自分の周りにあるすべてのものに興味を示し、手当たり次第、触ってみたり、口に入れようとしてみたり。自分が生まれ出てきた世界を「発見」する時期なので、片時も目が離せません。

ヒロキさんは、カナさんの手術をきっかけに、自宅で仕事をするスタイルに切り替えました。平日でも、お昼は3人で近くの公園に行って食べたり、カナさんが子どもの頃に聴いた歌をダウンロードして親子3人で聴いたり。「わが家はみんな、おうちがいちばん」カズキ君を中心に回る親子3人の穏やかな暮らしが、今は何にも代え難いと言います。

「娘を失ったことは、一生消えない傷ですが、むしろこの痛みが娘との絆だと思っています」とカナさん。奇しくも、カズキ君が家にやってきた日は、娘さんの命日の前日でした。「お姉ちゃんが、カズキを呼んでくれたのかもね、って言っているんです」

処方箋その6 出産が難しくても、子どもを持つことをあきらめない

生殖補助医療の技術が進んだとはいえ、やはりどうしても妊娠できないケースがあります。カナさんのように子宮を摘出してしまったり、自身で卵子をつくれなかったりといった不妊のケース。また、原因がわからないまま流産が続いてしまう不育症の悩みを抱える人もいます。出産に困難を抱える人たちにとって、海外に渡っての代理出産や卵子提供などとともに、特別養子縁組が子どもを持つための有力な選択肢となっています。

子どもがほしい、でも自分が産むことはできないというとき、何にいちばん重きを置くのかは、人によって違うでしょう。もしそれが、血のつながりではなく、「親になる」ことであるのならば、特別養子縁組は優先順位の高い選択肢になるはずです。**自ら産めないという理由だけで、子どもと暮らす生活をあきらめることはないのです。**

ケース7　2度の流産の後、特別養子縁組を決断したアヤさん
――子どもを迎えた年齢・37歳、39歳／そのときの子どもの年齢・ともに0ヵ月

アヤさんは2年前、生まれたばかりのナナちゃんを養子に迎えました。ちょっと困ったような眉毛が愛らしい、おちゃめで人なつっこいナナちゃんは、近所の人気者です。今、一家が住む家はアヤさんが育った地域にあり、近所のお年寄りたちは、アヤさんの親の代から付き合いがある顔なじみ。地域のお祭りには一家で出かけていきます。アヤさんの両親やきょうだいも徒歩圏内に住んでいて、温かい子育て支援の輪のなかで、ナナちゃんはすくすくと育っています。

不妊治療をやめるまで

アヤさんはナナちゃんと出会う前に、2度の流産を経験しました。「娘と出会うための準備期間だったのかもしれませんが、あの頃は本当につらかった」

夫婦は結婚12年目です。子どもはすぐにでもほしかったのですが、結婚後2年たってもできなかったため、不妊治療を始めました。

夫のヒロシさんは2歳年上です。大の子ども好きで、学生時代はキャンプや野外活動を通じて子どもの成長を見守る団体に所属し、親戚や友人たちとの集まりでも、いつも子どもたちに囲まれていました。「子どもがいたら喜ぶだろうな」アヤさんの不妊治療への動機は、どちらかといえば、アヤさん自身の希望というより、ヒロシさんへの配慮だったと言います。

アヤさんは5回目の人工授精で初めて妊娠しましたが、1ヵ月ほどで流産してしまいます。数ヵ月後に治療を再開、再び妊娠しました。「今回は何が何でも妊娠を継続させたい」アヤさんには悲壮な決意がありました。通信会社のエンジニアとして働くヒロシさんの仕事は朝が早く、夜遅かったため、家事で体に負担をかけてはいけないと、実家の母親が泊まり込みで家事を手伝ってくれました。ところが、このときも4ヵ月で流産してしまいます。

2回目の流産は、アヤさんにとって背負いきれないほどつらいものでした。日中、家に独りでいるのが耐えられず、しばらく実家に戻りました。それでも、気がつけば失った子どものことを考えていました。母親はふさぎ込む娘を心配して、「彼がそんなに子どもがほしいと言うなら、いっそのこと別れなさい」とまで言いました。

アヤさんは、妊娠することが怖くなり、ヒロシさんが子どもを望んでいるのはわかっていても、どうしても治療を再開する気になれませんでした。ヒロシさんも、アヤさんに気を遣い、ひと言も子どもの話題に触れませんでした。「何をどうすればいいのかわからない。暗い闇の中にいるようだった」とアヤさんは振り返ります。

半年ほど経った頃、新聞の読者欄にあった水子供養をした人の投稿にヒントを得て、夫婦で近くの神社に出向き、供養をしてもらいました。アヤさんは、ずっと抱いてきた「この世に送り出してあげられなかった」という罪の意識が、ようやく少し軽くなった気がしました。

特別養子縁組との出会い

2年ほど経ったある日。ヒロシさんが「児童相談所で里親になる研修を受けないか」と切り出したのです。「特別養子縁組という制度があるんだ」

すでにいろいろと調べていたヒロシさんの説明を聞き、アヤさんも納得できました。これまでも、友人一家と家族ぐるみで出かけ、他人の子でもわが子のようにかわいがる夫の姿を見てきたので、血のつながりがない子どもを迎えることに不安はありませんでした。「血がつながっていなくても、わが子として育てる自信がある。僕らにとってベストな形ならいいじゃないか」というヒロシさんの言葉を、アヤさんは自然に受け入れることができました。

また妊娠するのは怖いけれど、夫と2人で子どもを育てたい。「特別養子縁組は自分たち夫婦には最良の選択だ」と思ったそうです。「男でも女でも、障害があっても、迎えた子には全力で愛情を注ごう」夫婦でそう確認しあいました。

その後、地域の児童相談所で里親になるための研修を受け、養子縁組里親（162ページ表3－3）として登録しました。ただ、児童相談所では「特別養子縁組に託せる子どもは非常に少ない」「病気や障害の有無がはっきりする2歳ぐらいまでは縁組に出せない」と言われました。

夫婦はもう一度話し合い、初めての子育てでもあるし、できれば赤ちゃんから育ててみたいと考えて、民間団体を探すことにしました。インターネットで見つけた複数の団体の面接を受け、「ここだ」とピンときたところに正式に育て親候補として登録します。そして、2012年の暑い夏の日、ナナちゃんが家にやってきました。

子どもとの日々

初めて会った瞬間、「うちの子だ」と思ったアヤさんは、ナナちゃんを腕に抱き、「わが家に来てくれてありがとう」と声をかけました。涙が止まりませんでした。縁組を仲介した民間団体によれば、ナナちゃんは生まれた当初は標準体重より小さく、発育に多少の心配があったそうです。しかし、アヤさんとヒロシさんをはじめ周囲の人たちの愛情をたっぷり受けて順調に成長し、出産時の状況などみじんも感じさせない、表情豊かで人なつっこい女の子になりました。

そしてナナちゃんが2歳になった年、アヤさんとヒロシさんは同じ民間団体から、男の子の赤ちゃんを迎えました。ナナちゃんはすっかり「お姉さん」に変身し、弟のそばを離れず、誰よりもかいがいしく世話を焼いています。アヤさんは、「甘えん坊だったナナがすっかり頼もしくなりました」と笑いました。

処方箋 その7 つらい経験は子どもを迎えるための心の準備になる

子どもができない、できても流産を繰り返してしまうという体験をした女性たちは、しばしば、「あの頃は出口の見えないトンネルの中にいるようだった」という表現をします。トンネルの中は真っ暗で、とても長く感じられ、出口があるかどうかもわからない。でも、出口のないトンネルはありません。

アヤさんは「不妊治療をしていた頃は、自分で産まないとダメだと思っていた」と言います。「今度こそ着床しますように、妊娠しますようにと、そればかり考えて、妊娠後まで思いが至らなかった」

ところが、2度の流産の体験はあまりにつらく、妊娠することが怖くなってしまいました。それでも、アヤさんの心から「子どもを育てたい」という気持ちは消えなかったのです。むしろ、つらい経験を通じて、自分が本当に望んでいることは「妊娠」ではなく「子どもを育てること」なのだということが、より明確になっていきました。

ヒロシさんが切り出した特別養子縁組という選択をアヤさんがすんなり受け入

れられたのは、不妊というつらい体験を通して、わが子と出会うことの奇跡、そのありがたさを強く感じていたからでした。「その頃には、お腹で育てようが、特別養子縁組で迎えようが、大事な子どもには変わらないという考え方が自然と〝降りて〟きていました。私たちなりの着地点を見つけたのです」**自分は血のつながりを残したいのではなく、ヒロシさんと2人で「親」になりたいのだ――。**それが明確になっていたので、躊躇はなかったと言います。里親ではなく、特別養子縁組を選んだのも、「何があっても実子として育てる」という親としての覚悟と責任を強く意識したからだそうです。

　不妊治療のときに何となく感じていた、血のつながりへのこだわりは、ナナちゃんと出会ってみると、きれいさっぱり消えてしまったと言います。「私たちは、ナナを育てることで親にしてもらっている。娘はうちに来るために生まれてきてくれたのだとさえ感じます」アヤさんは、そう話してくれました。特別養子縁組を仲介した民間団体によれば、ナナちゃんの生みの母は、アヤさんとヒロシさん夫婦のアルバムをみて、「この夫婦に託したい」と決め、名前も育て親につけてほしいと言ったそうです。

ケース8

共働き、年齢の壁……一度は養子もあきらめかけたチエコさん

――子どもを迎えた年齢・42歳／そのときの子どもの年齢・0ヵ月

中堅企業で管理職として働いていたチエコさんと自衛隊員のタカフミさんは3年前、娘のアイちゃんを特別養子縁組で迎えました。取材当時は特別養子縁組で子どもを迎えた夫婦にはまだ少なかった、共働きの夫婦でした。チエコさんは、会社で初めての女性管理職。数人の部下を抱え、簡単に仕事を辞めるわけにはいかなかったと言います。「働くことは私という人間の一部でしたし、仕事を辞めたら自分のなかでバランスを欠いてしまうと思ったんです」

アイちゃんを迎えた当初は子育てとの両立に悩みましたが、日中は仕事、夜と週末はアイちゃんのためにすべて捧げるというメリハリを意識するようにしたら、生活がうまく回り始めたと言います。今は仕事を辞め、次の目標に向けて準備中です。

不妊治療をやめるまで

チエコさんも、苦しい不妊治療を経験しています。36歳で5歳年上のタカフミさんと結

婚。翌年、不妊治療を始めました。ただ、20代の頃から生理不順に悩み、後に子宮内膜症を抱えることになったことや、母親も同じ病気を患っており、自分は婦人科系が弱いことはわかっていたので、妊娠は簡単ではないだろうとも感じていました。

案の定、体外受精のための初めての採卵のときに腹膜炎をおこし、40℃の高熱にうなされる事態になりました。タカフミさんは長期演習で不在。最後は父親の署名で開腹手術をし、1ヵ月半入院します。その後、時間をあけて2回目の挑戦をしましたが、やはり卵巣が腫れて1週間入院し、点滴を受けます。そんな苦しい思いをして採卵をしても、計3回の挑戦で、着床には至りませんでした。

採卵のたびに体調を崩すチエコさんの姿に、タカフミさんはもちろん、タカフミさんの両親からも「体のほうが大切だから無理はするな」と言われ、チエコさんは治療に終止符を打ちます。担当医は「受精卵も育っているし、まだチャンスはある」と残念そうでしたが、チエコさんは正直、ほっとしたと言います。心のなかで、「あの痛みや苦しみから逃れたい」と願っていたのです。

特別養子縁組との出会い

結婚当初から、子どもがいる家庭を思い描いていたタカフミさんは「あと少しだけがんばってほしいという気持ちがないわけではなかった」と言います。「でも、苦しむのは妻だし、いざというときに自分は演習でいない可能性もあるから、続けようとは言えなかった」子どもを持つことをあきらめかけた夫婦を気遣い、特別養子縁組という選択肢を教えてくれたのはチエコさんの父親でした。平日に休みをとりづらい夫婦に代わり、近くの児童相談所に出向いて特別養子縁組を前提とした里親制度や登録の仕方を調べてきてくれました。

チエコさんとタカフミさんはさっそく夫婦で研修を受け、特別養子縁組を前提とした養子縁組里親（162ページ表3－3）として登録しました。養子縁組を目的としない養育里親を選ばなかったのは、「家族として暮らした子どもと、いつか別れるときが来るなんて耐えられない」とチエコさんが思ったからです。

チエコさんは特別養子縁組について、血のつながりがないことをむしろ肯定的にとらえていました。自分は若い頃から婦人科系の病気に悩まされ、母親も同じ体質でした。タカフミさんには、耳が聞こえづらい障害がありました。血がつながっていなければ、私たちが悩まされてきたことを背負わせずにすむのではないか――。「むしろベストな選択肢ではないかと。逆転の発想でした」

ところが、里親に登録してからが長い道のりでした。乳児院や児童養護施設にどれだけたくさんの子どもがいても、生みの親の承諾がとれて、特別養子縁組の対象になる子どもは、管轄の児童相談所で年間数人だというのです。乳児院での研修では、一緒に遊んだ子どもたちから別れ際に「帰らないで」と袖を引っ張られ、後ろ髪を引かれる思いがしました。「こんなに親を必要としている子どもがいるのに……」と思うと、泣けて仕方ありませんでした。

その後、２年間で何度か、「特別養子縁組の対象となる子どもがいますが、希望されますか」という趣旨の問い合わせを受けました。よほどむずかしい条件でない限り必ずエントリーしたのですが、児童相談所の担当者の話しぶりから、待機順位はつねに「２番」や「３番」であることが感じ取れました。実際、一度も「１番」になって委託の打診を受けることはありませんでした。

児童相談所の担当者に「年齢のせいですか」と何度も聞きましたが、はっきりした答えは返ってきません。タカフミさんは「もう無理なんじゃないか。うちには子どもは来ないんじゃないか」といらだちました。

「子どもに縁がなかったんだ……」という気持ちになったチエコさんは、２年ごとの更新の時期に児童相談所の担当者が家庭訪問に来た際、「どうせ子どもとは出会えないから、登録をやめようと思う」と切り出しました。担当者は、「積極的に勧めることはできないけれど、民間団体を探してみてはどうか」とこっそり教えてくれました。

そのとき、チエコさんは42歳。さっそくインターネットで民間団体を調べてみました。47歳だったタカフミさんが育て親として登録できる年齢制限にかかってしまうところがほとんどだったのですが、当時、育て親になれる年齢上限を「50歳」としていた団体が見つかり、申し込み書を送りました。1週間後、団体の代表が自宅を訪れ、面接。「里親認定もとっているし、共働きで家計も安定しているから大丈夫」と言われ、その4ヵ月後、生まれたばかりの男の子を託されます。

ところが、その子は4日ほど家にいただけで、気持ちを変えた生みの母に引き取られていきました。親類を呼んでお披露目をしていたその日に、委託取り消しの電話が入ったのです。「子どもを失ったような気持ち。言葉にならない苦しみでした」しばらく家に閉じこもり、泣き暮らしました。そんな壮絶な体験のあと、同じ団体を通じて、傷心のチエコさんのもとにやってきたのが、アイちゃんでした。

子どもとの日々

両親学級も母親学級もなく、妊娠期の心と体の準備もないなかで突然、赤ちゃんがやってきたわけですから、最初の半年は大変でした。タカフミさんは演習で長いときは2週間ほど家を空けます。チエコさんは最初の半年は無給の育児休業をとり、子育てに専念しました。赤ちゃんの頃、アイちゃんは何度も熱を出しました。アイちゃんが咳をしただけで不安にさいなまれ、深夜でも友人の助産師に電話したこともあります。母親は他界しており、彼女以外に頼れる人がいなかったのです。当時は携帯電話を手放せませんでした。

アイちゃんが5ヵ月になった春、保育園に預けて働き始めると、チエコさんに少しずつ、明るく、前向きな気持ちが戻ってきました。「今思えば『産後うつ』みたいなものだったんですね」しばらくして、働いていた会社を辞め、子どもに関わる仕事につくという目標に向かって準備を進めているそうです。

子どもに出会うまでに2年以上の歳月が必要だったチエコさんは、自治体の養子縁組里親に登録して待っていた期間を「取り返したい」と感じたこともあると言います。ただ、里親になるための研修で施設の子どもたちと遊んだ体験や、子どもたちが背負う背景を知ったことには大きな意味があったと振り返ります。「何も知らずに赤ちゃんを委託されていたら、今アイを育てることの意味を十分に理解できていなかったかもしれません」

生まれてすぐにやってきたアイちゃんとチエコさんとの間には、すでに絶対的な信頼が築かれているようです。今、アイちゃんが話す言葉を百パーセント理解できるのはチエコさんだけだそうです。イヤイヤ期まっただ中のアイちゃんは、食卓に嫌いな野菜が並ぶと、「いらない！」。チエコさんは、何とかアイちゃんに野菜を食べさせようと、細かく刻んだり、調味料で顔を描いたりと工夫します。「娘が食べてくれたときの達成感がいい。小さなことでは怒らなくなりました。逆に娘に育ててもらっています」チエコさんは笑顔でそう話してくれました。

アイちゃんはおしゃれが大好き。チエコさんがアンパンマンの絵がついたボタンでつくった髪留めがお気に入りです。チエコさんがメイクをしていると寄ってきて、顔にパウダーをはたいたり、口紅を塗るまねをします。そんなしぐさの一つ一つがたまらなく愛おしいのだと言います。**「不妊治療に苦しんでいた頃は、こんな幸せな気持ちになれるなんて想像もできなかった。**特別養子縁組は、わが家に天使をつれてきてくれました」

処方箋その8　ワーキングマザーでも可能性はある

民間団体の多くは、育て親の条件として、「夫婦のいずれかが育児に専念できる」ことを挙げています。

ある団体の代表は「生みの親と決別し、ようやくめぐりあえた親なのに、実際に育てるのが祖父母や保育所では子どもがいたたまれない」と言います。別の団体の担当者は「子どもを託す生みの母の側が、専業の育て親を望むことが多い」と言います。特に、子どもがある程度の年齢になってから養子に迎える場合は、それまで育った環境から新しい家庭での環境に適応する過程で、子どもに「赤ちゃん返り」や「試し行動」（117ページ）などがみられることも多く、時間をかけて、全身で向き合わなくてはならない局面があるのは事実です。

ただ、最近では、夫婦共働きであっても育て親候補として登録することを認める団体も増えています。また、育て親たちの働きかけもあり、2017年1月からは、特別養子縁組の試験養育期間中の育児休業の取得が認められるようになります。こうした社会の変化を受け、企業にも変化が生まれてきているようです。

また、育児休業をとることで子どもとの時間が確保できるのであれば、民間団体や児童相談所も、両親が働くことに理解を示してくれるはずです。養子を迎えるために仕事をあきらめなくてはならないと悩む前に、まずは勤務先の人事・総務部門に問い合わせてみるのがよいでしょう。

「案ずるより産むが易し」

この章で紹介した夫婦はみな、それぞれに必要な時間をかけて、不妊というトンネルをくぐり抜け、特別養子縁組にたどり着きました。結婚した当初から特別養子縁組のことをよくわかっていて、家族づくりの選択肢に考えていた夫婦はいませんでした。

アメリカや北欧の国々では、子どもを持つための選択肢として不妊治療と同じくらい一般的な養子縁組ですが、日本で親になりたいと願う夫婦が、不妊治療と同じくらい当たり前の感覚で養子縁組を考えることはまだ少ないでしょう。8組の夫婦は、まず特別養子縁組について知ることから始め、迷い、悩みながら子どもを迎える決断に至っています。そして全員が今、子育てのまっただ中にいて、自分たちの決断に百パーセント満足しています。

育て親になった夫婦からは、「今となっては、この子がいない人生を想像できない」という言葉がよく出てきます。そして、子育て中であることが多いためか、養子を迎える前の不安や心配事を尋ねても、「よく覚えていない」という答えが多いのも事実です。「案ずるより産むが易し」とは、出産に限らず、養子縁組についてもいえることなのかもしれません。

映画のなかの養子縁組②

Couleur de peau: Miel

はちみつ色のユン

ユン／ローラン・ボアロー 監督・脚本
アニメーション・ドキュメンタリー
2012年 フランス・ベルギー・韓国・スイス

あらすじ

朝鮮戦争の荒廃から立ち直るなかで、たくさんの国際養子を送り出した韓国。ユンもまた、そんな国際養子のひとりとして海を渡り、ベルギー人家庭に迎えられました。両親と4人の兄妹（実子）という家族の中で、ユンだけが髪の色も肌の色も違います。フランス語を覚え、ベルギーの文化に溶け込んでいくユンは、いつしか韓国語を忘れ、得意の絵で、生みの母の幻影を表現していました。一家はある日、韓国から新たに女の子を国際養子に迎えました。思春期にさしかかろうとしていたユンは、自分と同じ肌の色の新しい家族ができたのをきっかけに、自己の存在について考え始めます。そして……。

自分はアジア人か、ヨーロッパ人か。原作のマンガ「肌の色：はちみつ色」を描き、映画も共同監督をしたユンさんは、映画と同様、5歳でベルギー人家庭に養子として迎えられて以来、そんな問いを抱え続けたといいます。これは彼の自伝的な作品です。

筆者は来日したユン監督にインタビューし、作品に込めた思いを聞きました。「養子としての歳月を振り返ることは自分を探す旅でもありました」と監督は言います。

韓国では、血縁へのこだわりや未婚の母親への偏見が強く、親が育てられない子どもは養子として海外に縁組される慣習が1990年代まで続きました。監督はこの映画を撮るために40年ぶりに祖国を訪れ、「顔は韓国人なのに、韓国語を話せない」という事実を改めて突きつけられると同時に、長い年月を経て、祖国への怒りや憎しみに近い感情が少しずつ融和されていくのを感じたといいます。

誰もが人生のある一時、「自分はなぜ生まれてきたのだろう」「これからどこへ向かうのだろう」という問いに向き合います。ユン監督の場合、長年抱えていた葛藤を、絵を描き、映画を撮るという表現活動で乗り越えてきたのではないでしょうか。この作品では、監督自身の心の軌跡が、CGを駆使した美しいアニメーションで描かれます。

ちなみに監督の奥様も韓国人国際養子で、2人には17歳になる娘さんがいます（※2012年末当時）。映画の挿入歌は、その娘さんがつくりました。「根は2つの地平線に向かって伸びるけど、幹はその真ん中に立っている。進むだけよ、自分を信じて」という歌詞には、2つの「母国」を持つ自分を受け止め、迷いなく進めばいい、という娘から父へのメッセージが込められているようです。「私の思いを、娘は深く理解していました」と話す監督の表情に、子煩悩な父親の顔がのぞきました。

第2章

「親子」への道のり

さまざまな葛藤や悩みを乗り越えて特別養子縁組にたどり着き、子どもを家庭に迎えたときは、喜びでいっぱいになるものです。そして、そのときから、親子への第一歩が始まります。血のつながっていない子どもと「家族」になるまでには、どんなプロセスが待っているのでしょうか。

この章では、特別養子縁組でめぐりあった夫婦と子どもが、「親」となり「子」となる過程で起こるであろうできごとを、それぞれの立場から見ていきたいと思います。

親子になるために必要なこと

子どもを家庭に迎えたら、さっそく市区町村に転入の手続きをします。この時点では、子どもは夫婦の「同居人（または縁故者）」の扱いです。児童福祉法に基づく「同居児童届出書（同居届）」も、別途、市区町村を通じて児童相談所に提出します。保険証と医療証（自治体によって名称は異なります）も、すぐに作りましょう。具体的な手続きについては、第3章でくわしく説明します。

法的にも親子となるには、家庭裁判所に特別養子縁組を申し立てる必要があります。特別養子縁組は、生みの親との親子関係を終わらせ、育て親と子どもとの間に新たに親子関係をつくる制度です。民法では特別養子縁組の対象は6歳未満（それ以前から育てていることが明らかであれば8歳未満）の子どもに限定されていて、縁組の成立には6ヵ月以上の試験養育期間が必要です。成立までの流れについては、第4章でくわしく説明します。

こうした事務手続きの一方で、名実ともに「親子」になるためには、乗り越えなければならないいくつかのステップがあります（96ページ表2-1）。近所の人や友人に養子を迎えたと知らせること、子どもに血がつながっていないと伝える「真実告知」をすること、そして物心のついた幼児を迎えた場合は、子どもの「試し行動」と向き合う必要もあ

必要な手続き

- 子どもの転入手続きをする
  ……市区町村役場へ（→189ページ）
- 同居届を提出する
  ……児童相談所へ（窓口は市区町村役場）（→190ページ）
- 子どもの保険証をつくる（国民健康保険に加入）
  ……市区町村役場へ（→191ページ）
- 特別養子縁組を申し立てる
  ……家庭裁判所へ（→192ページ）

乗り越えるステップ

- 周囲の人に知らせる　（→97ページ）
- 子どもへの真実告知、生みの親の存在を伝える　（→103ページ）
- 子どもの試し行動、赤ちゃん返り　（→117ページ）

など

表2-1　特別養子縁組で「親子」になるまで

るかもしれません。生みの親の存在をどう伝えるか、学校の友だちにはどう話すのかといった日々の迷いも出てくるでしょう。

いずれのステップにも「こうすればうまくいく」という正解はありません。子育ての環境、夫婦や子どもの性格によっても、うまくいく方法は違ってきます。それでも、初めて養子を迎える夫婦にとって、もっとも参考になるのは先輩たちの体験だと思います。第1章に登場した夫婦を中心に、実際に養子を迎えた親たちのケースを見てみましょう。

周囲にどう知らせる？

① 親しい人にはあえて伝える

最近は都市部を中心にマンション住まいの家庭が増え、隣近所と料理を分け合うような、近所との濃厚な付き合いは減りました。また、養子を迎えて家族が増えるのを機に広い家に転居する家庭も多く、新しい住まいで近所にあいさつする際に、あえて養子を迎えていることに触れるケースは少ないようです。ただ、隣近所との付き合いの深さによっては、周囲への状況説明が必要になってくるでしょう。ふだんから適度な近所付き合いをしている場合、ごく親しい家庭には子どもを迎える前に事情を話すことが多いようです。

ミサコさん（46ページに登場）は、自宅を購入して6年目に娘のタエちゃんを養子に迎えました。近所で付き合いがある家庭には、タエちゃんが養子であることを話しました。ただ、タエちゃんを迎えたのが厚着をする冬だったこともあり、あいさつ程度の付き合いしかない人たちからは、「妊娠に気づかなかったわ。おめでとう」と言われることが多かったそうです。ミサコさんは「どう説明しようかと身構えていたのですが、拍子抜けでした」と言います。特別養子縁組の成立前にタエちゃんを保育園に預けたときには、養子だということは園長と副園長でとどめてもらいました。

働きながら子どもを迎えたチエコさん（82ページに登場）は、同じ年代の子どもがいる近所の家には、アイちゃんを迎えてあいさつに行き、事情を話しました。保育園にも事情を説明し、特別養子縁組が成立するまでの間も、保育園では夫婦の名字で呼んでもらうようにしたそうです。

チエコさんは、近所のかかりつけの小児科医院にも、呼び出しのときは下の名前か、夫婦の名字で呼んでもらうようあらかじめ頼んでおいたそうです。小さな子どもはよくお医者さんにかかります。待合室で近所の顔見知りの人などに会うことも少なくないでしょう。そのとき、子どもが自分たちとは違う名字で呼ばれて嫌な思いをしたという育て親は少なくありません。小児科医院は地域の保健行政と密接に連係しているため、養子縁組や里親といった子どもの福祉制度についてもくわしいはずです。呼び出しの名前について、気兼ねせずにお願いしておくとよいでしょう。

幼稚園や保育園のママ友たちにはどう伝えればいいでしょうか。ミサコさん、チエコさんは、ごく親しい人にしか、子どもが養子であることを伝えていません。2人とも「本当はオープンにしたい」という思いを抱いていますが、「親が本人に伝える前に、周りから養子だという事実を知らされることは避けたい」という理由から、子どもが小さいうちは大っぴらに語ることはしないつもりだと言います。

小学校に上がると、同級生の数が増えるとともに、子どもと地域社会との接点も増えてきます。また、学校によっては、授業で「生い立ちの記録」を書くために、生まれたときのことを親に聞いてくるよう言われることなどもあります。こうしたことも考え、育て親の多くが、遅くとも小学校に上がるまでには、子どもたちに養子である事実（ママのお腹からは生まれていないこと）を伝えるつもりだと話していました。

② 地域のつながりを大切に

育て親のなかには、実家の近くでサポートを受けながら子育てをしたいという人も多くいます。そういった場合、自分が生まれ育ち、慣れ親しんだ地域コミュニティーとのつながりが重要になります。アヤさんとヒロシさん夫婦（75ページに登場）は地域の人たちを味方につけ、オープンな雰囲気の中で上手に子育てをしています。

「こんど養子を迎えるんです」。アヤさんとヒロシさんは、ナナちゃんを迎えることが決まると、顔なじみの町会長さんに事情を話しました。夫婦は今、アヤさんが結婚するまで暮らしていた家に住んでいます。以前、ここに暮らしていた両親は年をとって一軒家の管理が大変になったため、沿線の駅に近いマンションに移りました。それまで、夫婦はヒロシさんの仕事にあわせて何度か引っ越していましたが、子どもを迎えるにあたり、子育てに助けの手が得られるよう、アヤさんの両親やきょうだいの近くに住もうと決めたのです。

アヤさんが結婚まで暮らした家ですから、近所のお年寄りたちはみな、アヤさんを子どもの頃から知っています。アヤさんにとっても、なじんだコミュニティーで子育てすることになったわけです。アヤさんがナナちゃんを連れて近所を散歩していると、すれ違う近所の人たちから、「まあ、大きくなったねえ」と声をかけられます。

「子どもが地域に守られて育っていけばいいなあと思います」とアヤさん。町内の子ども

会にもさっそく入りました。地区の夏祭りやお正月の餅つき大会などの行事には親子で積極的に参加しています。

お母さんのお腹が大きくなることなく、突然、家族に赤ちゃんが仲間入りするわけですから、ふだんからお互いにやりとりが多いコミュニティーなら、アヤさんたちのように、子どもを迎える前に自然な形で養子縁組の話をしておくのもよいと思います。

③ ママ友を味方につける

赤ちゃんを養子に迎えた育て親たちからは、「子育て仲間との会話で出産の話が出ると困ってしまう」という声をよく聞きます。子どもが小さいうちは、母親にとってもまだ出産体験が鮮明です。子どもが幼稚園や保育園に通っていれば、クラスメートにきょうだいが生まれることもよくあるでしょうし、ママ友との会話の中で、「生まれるまで何時間かかった？」「どこで産んだの？」といった話が出ることもあるでしょう。

「うそをつく気はないけれど、体験していないからわからないし、いきなり本当のことは言えないし……」というミサコさんは、そんなとき「里帰り出産だったから」と適当にやりすごすか、話題を切り替えるようにしたそうです。話がそちらの方向に進みそうな雰囲気を察知したら、最初から話の輪に入らないようにしていたこともあるそうです。ただ、そうした場面は保育園の年中ぐらいからはほとんどなくなったと言います。

信頼できるママ友がいれば、率直に事情を話すことでものごとがスムーズに進むようになるケースもあります。アイリさん（62ページに登場）は、息子のハルマ君を生後11ヵ月のときに迎えました。当時は賃貸マンションに住んでいたため、あいさつ以上の近所付き合いはなく、特に周りに何かを説明する必要もありませんでした。

ハルマ君が1歳になる頃、近所の公園で知り合ったママ友に誘われて、一緒に児童館に行くことになりました。もちろん、児童館に行くのは初めて。靴の置き場もわからず、ドキドキしたそうです。「ほかのママたちは生後3ヵ月頃から通っているので慣れたものです。私はといえば、子どもはもうすぐ1歳になるのに、ベビーカーを押すのも気恥ずかしかったのです」

その頃は、仲良くなったママ友に「出産どうだった？」「BCGの予防注射はどこで受けた？」などと聞かれるたび、適当に返事をしていましたが、ミサコさんのケースと同じく、年齢が上がるにつれ、そうした話は出なくなったそうです。

その後、家を建てて転居し、息子が通い始めた幼稚園では保護者会の役員を引き受け、その活動を通して信頼できるママ友もできました。ある日、親しいママ友に「ハルマ君って活発だよね。パパとママどっちに似たの？」と言われたとき、思い切って養子であることを打ち明けました。

そのママ友は、アイリさんの話をしっかり受け止め、自分も長年の不妊治療の末に子どもを授かったのだと話してくれました。お互い、苦労して子どもと出会ったわけです。「子どもへの愛情は誰にも負けないよね」。そんな話をしながら、2人とも、自然と泣けてきたそうです。それ以降、そのママ友は絶対的な味方になりました。

「理解してくれる友だちができたら、周りの視線が気にならなくなった」とアイリさんは言います。その後、仲の良い数人のママ友にも、ハルマ君が養子だということを会話の中でさらりと伝えることができました。「全然気づかなかった」「そうなんだー」と、誰もが好意的に受け止めてくれたそうです。「信頼できる人たちにはきちんと事情を話し、サポーターになってもらえば、子育てはずっと楽になります」アイリさんは、自分から心を開くことで、子育ての環境を整えていったのです。

「真実告知」をどうする？

血のつながりがあろうがなかろうが、子育てには喜びと苦労がつきものです。しかし、養子を育てるうえでは、実子を育てる場合とは違う、特別なプロセスがあります。代表的なものが、育て親が子どもに血のつながりがないことを告げる「真実告知」です。真実告知が重要になるのは、まだ物心がつかない乳幼児を養子に迎えた場合です。子どもによりますが、生みの親の記憶がはっきりとある2〜3歳になってから迎えた場合は、あらたまって告げる必要はないかもしれません。むしろ、血のつながりがなくても、どんなにその子を愛しているかを、日々の生活のなかで伝えていけばよいのです。

①真実告知の意味

真実告知は、なぜ必要なのでしょうか。人は誰でも、自分がどこからきたか、どんな背景を背負って生まれたかということに特別な関心があります。自らのルーツを知ることは、思春期を経て自己を確立していくうえで必要ですし、子どもにはルーツを知る権利があります。なにより、子ども自身が成長の過程で、自分が養子であることを感じ取るようです。成人してから告知を受けた養子たちに話を聞くと、うすうす感じていたり、偶然、養子縁組に関わる資料を見てしまったりして、告知の前にある程度の状況を理解していたと言う人が多くいました。

少し話がそれますが、最近、欧米先進国を中心に、匿名の精子提供を受けて生まれた子どもたちが成人した後、自らの出自を探る動きが起きています。親は「普通の親子と変わらない」と思っていても、子どもたちは「何かが違う」ことを敏感に感じるそうです。自身のルーツを知りたいという彼らの思いには、言葉では説明できないものがあります。

さて、特別養子縁組の場合、戸籍には「【民法817条の2による裁判確定日】平成○年○月○日」と記載されます（157ページ図3-2）。養子本人が自分の戸籍をみて、「民法817条の2」が何を意味するかわからなくても、インターネットで調べたりすれば、それが「特別養子縁組」に関する条文だということは容易にわかります。

また、親から直接聞いていないのに事実を知ってしまった場合、「親にだまされた」とショックを受け、その後の親子関係の修復が非常にむずかしくなったケースもあります。

②いつ、どう伝える？

真実告知には、「いつまでにするか」「何をどう伝えるか」というルールはありません。特別養子縁組を手がける複数の団体に聞いてみると、「赤ちゃんの頃から始めるべきだ」と言う人もいれば、「言葉の概念を理解できるようになってから」と言う人もいます。一般には、言葉を理解し、親子の間に愛着関係がしっかりと築かれる3歳頃から始め、成長にあわせて表現や内容を深めていくとよいとされています。

大事なのは、事実をありのままに告げることが最善だとは限らないということです。特別養子縁組の子どもたちは、それぞれの事情で生みの親のもとを離れました。子どもは親を選べません。生みの親の事情は、子どもにはなんの責任もないことなのです。事実だからと情報を一方的に伝えても、子どもはそれをどう理解し、受け止めればよいかわからないかもしれません。

育て親が最初に子どもに伝えるべきことは、出生のディテールではなく、**「あなたを産んではいない」けれど、「どれだけあなたを待ち望んでいたか」「わが家に来てくれて、どれだけうれしかったか」**ということなのです。

半世紀にわたって里親や養子縁組の仲介を行ってきた家庭養護促進協会の岩﨑美枝子理事は「真実告知とは『私たちは本当の親ではない』と伝えることではありません。『あなたは望まれてこの家に来た、私たちはこんなにもあなたを愛していて、ここがあなたの居場所なのだ』ということこそ、子どもに伝えるべき真実です」と話しています。

小さいうちは、絵本を使っての真実告知もよいでしょう。子どもがどうやってパパとママに出会ったか、パパとママがどれほどその子を待ち望んでいたか、愛しているかを、子どもに向けてやさしい言葉づかいでつづった作品が中心です（235ページ参照）。

小学生になり、ものごとを理解できるようになってきたら、「あなたを産んだ人はほかにいるのよ。もう少し大きくなったら（中学生になったら、高校生になったら、など）、ちゃんと話すね」というように、隠しているわけではなく、時機が来たらきちんと説明すると伝えれば、子どもは安心するでしょう。簡単なことではありませんが、子どもが成長にともなって抱く数々の疑問について、いつでも話しあえる関係でいられるように努めること、生みの親の情報をごまかさず、一方で子どもの気持ちに配慮しながら応じていくことが大切です。

告知の後、民間団体の集まりなどを通して、同じ立場にいる養子の子どもたちと出会う機会を持つのもよいでしょう。地域や学校では、養子という立場の子どもは少ないかもし

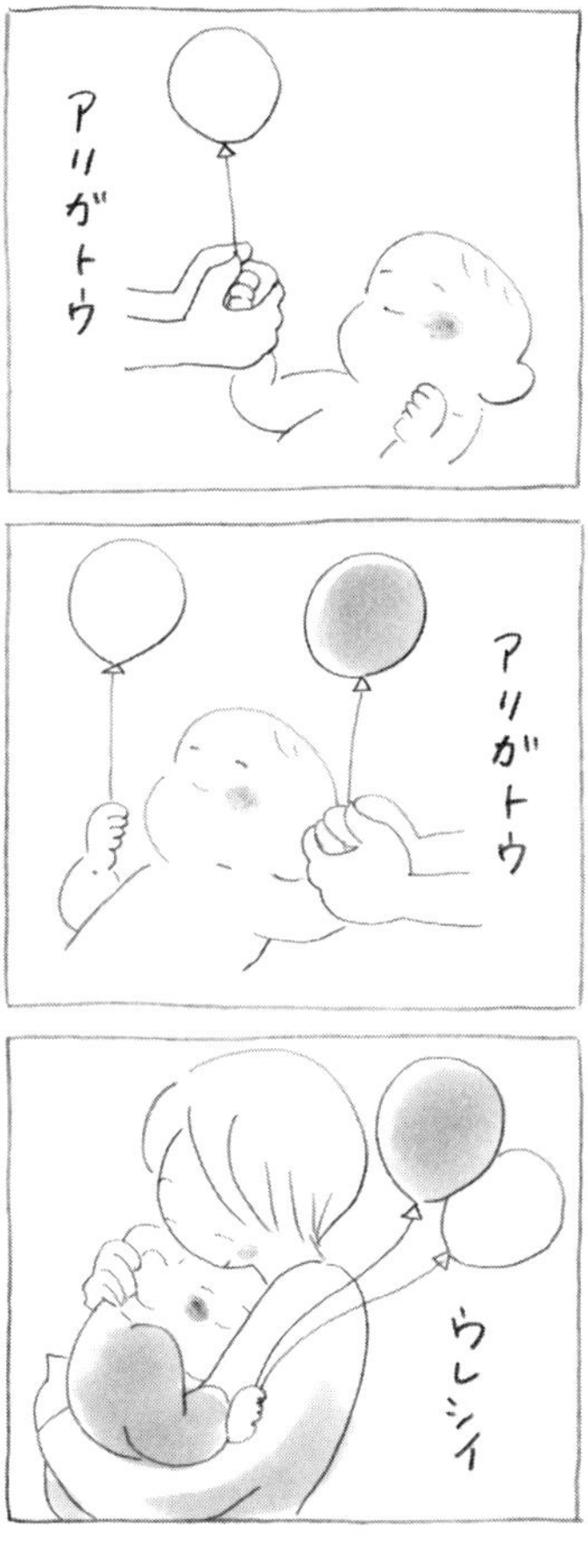

れません。同じ境遇の仲間と出会うことで、子どもたちは「自分だけが特別ではない」と気づくことができます。前出の家庭養護促進協会では毎年、養子の子どもたち向けのキャンプを行い、高校生や大学生になった養子たちが幼い参加者の世話をするそうです。告知をする前から、こうした集まりや交流会に参加しておくと、他の家族の体験談も聞くことができ、参考になることも多いでしょう。

さて、育て親たちは、実際にどうやって子どもたちに「真実」を伝えたのでしょうか。ここで、いくつかのケースを紹介します。

③ 私たちの真実告知

＊「神様の家から来た子」 ～アイリさんの場合

アイリさんは児童相談所と連携する民間団体を通じ、乳児院から当時11ヵ月のハルマ君を迎えました。ハルマ君はいわゆる「棄児（捨て子）」でした。神社の境内で、おくるみに包まれて泣いているところを神主さんに拾われたそうです。このため、生みの親の詳細は誰にもわかりません。

リビングには、乳児院での初めての面会のときに親子3人で撮った写真が飾ってあります。アイリさんはその写真を見ながら、ハルマ君に「ハルマは神様の家からきたんだよ」

と話しています。

「お母さんはずっとあなたに会いたくて、『神様、どこにいるんですか』と泣いていたの。そうしたら、神様が○○先生（保育士）がいる乳児院にハルマを送り届けてくれて、××さん（団体の担当者）が、『ここにいるよ！』と教えてくれたの。そうやってハルマと出会えた。そのとき撮ったのがこの写真なんだよ」ハルマ君はこの話が大好きで、何度も話してとせがみます。そして、家にお客さんが来ると、「ぼくは神様の家から来たんだ」と得意そうに話すのだそうです。

11ヵ月まで乳児院で育ったハルマ君には、当時の記憶も残っています。担当の保育士さんには、とてもよくなついていたそうです。2歳のときには家族で乳児院を訪ね、「お母さんとお父さんに出会う前、ハルマはここで育ったんだよ」と伝えました。そのときは、「ハルマはお母さんとお父さんのかわいい大切な子どもだよ」と抱きしめることも忘れませんでした。

3歳になる頃のことです。お風呂の中で、ハルマ君が「ぼく、お母さんのお腹から生まれたんだよね」と言いました。その日はお父さんの生まれ育った家に遊びに行き、「お父さんはここで生まれたんだよ」と話したからかもしれません。アイリさんは「真実告知のチャンスだ」と思い、明るい調子で「ううん、ハルマはお母さんのお腹からは生まれてないんだ。お母さんね、お腹がこわれてて、赤ちゃん産めなかったの」と返しました。ハルマ君は一瞬、「えっ、なんで？」という表情で固まりましたが、すぐに普段通りのハルマ君に戻りました。「彼なりにゆっくり理解しているのだと思います」

＊「本当はママから生まれたかった」〜ミワさんの場合

アメリカ人の夫と国際結婚している40代後半のミワさんは5年前、児童相談所を通じて生後10ヵ月のゼン君を迎えました。ゼン君は切れ長の目に黒髪の日本人らしいルックスで、白人の夫にはもちろんのこと、ミワさんにもあまり似ていません。でも、2人はそんなことはまったく気になりませんでした。

養子大国のアメリカで生まれ育った夫にとって、養子を迎えることは、子どもがほしいと思ったとき、ごくあたりまえの選択肢でした。ミワさんはゼン君を迎える数年前にがんを患い、苦しい治療の末に克服しています。一時は子どもを持たないことも考えたそうですが、この体験が養子を迎えることを決断させたと言います。「家族や友人の愛がなければ病気を乗り越えることはできなかった。次は私が愛情を与える側にまわりたいと思ったんです」

海外暮らしが長いミワさんは、生みの親が育てられない子をわが子として育てる養子縁組についてよく知っていました。周りには養子を迎えた友人や知人も少なくなく、その家族たちが愛情にあふれていることも実感していました。今、自分たちの選択に心から満足しています。「ゼンがいない人生は考えられません」

ミワさんは、自分たちがゼン君の生みの親ではないことを、会話の中でごく自然に伝えてきました。お風呂上がりに息子の髪をとかしながら、「ゼンちゃんの髪の毛、サラサラだね。産んだママもそうだったのかな」「ゼンちゃんは大きいから、もう一人のパパも大きい人だったのかもね」というように……。

そうして「真実」を告げる一方で、毎晩、眠りにつく布団の中で、「ゼンちゃんが来るのをずっと待ってたんだ」「このうちに来てくれてありがとう。本当にうれしいよ」と言って聞かせました。

ある日、親子でミワさんの友だちの出産祝いに出かけたときのことです。帰宅後、ゼン君と「○○ちゃん（友だち）の大きかったお腹が小さくなっていたねえ。不思議だねえ」と話をした流れで、普段と変わらぬ調子で「ゼンちゃんはママのお腹から生まれてないんだよね」と話すと、そのときだけはゼン君は少しムッとしたようすで、「ゼンちゃんはママのことがいちばん好きなんだよ！」と言い返してきたそうです。「本当はママから生まれたかった、という子どもなりの葛藤があったのでしょう」とミワさんは言います。

ミワさんは、相手が子どもでも、「あなたを愛しているよ」と言葉で伝えることはとても大事だと思う、と言います。子どもが育て親との間に「この人は絶対に裏切らない」という信頼関係を築ければ、自分には生みの親が別にいるという事実は「単なる事実」に過ぎなくなる、と考えているのです。

ゼン君の生みの母は、本当は育てたかったのだけれど、経済的な事情でやむなくゼン君を養子に出すことを決意したそうです。ミワさんは、人づてに聞いたその話を宝物のように感じています。そして、いつかゼン君が自分のルーツを知りたがったり、生みの母に会いたいと思ったりするときがきたら、その思いを全力で支えてあげたいと言います。「そんなとき、ゼンが躊躇なく私に相談できるような親子の関係でありたいです」

＊「ここがぼくたちの家」～ケイコさんの場合

30代で3人の養子を迎えたケイコさん（52ページに登場）は、長男のダイ君が言葉を理解しはじめる2歳頃から、「お母さんのお腹は病気で、赤ちゃんが入らなかったんだ。その代わり、ダイ君をお腹のなかで大事に守って、産んでくれた人がいるんだよ」と伝えてきました。でも、言葉以上に雄弁に事実を伝えてくれたのは、きょうだいを迎えたことではないかと言います。

2歳下のモモちゃんを迎えたときは、ダイ君はまだよく事情が飲み込めていなかったようです。自分や妹が生まれた経緯より、それまで独占していたお母さんの愛情を分け合う存在が現れたことに動揺し、しばらく赤ちゃんのように甘えたり、ケイコさんのそばを離れなかったりしました。

5歳下のユイちゃんを迎えたときは、ダイ君もさすがに事情がわかっていたそうです。「自分はお母さんじゃなくて、違う人のお腹から生まれてきた。でも、まわりの友だちや、他の子たちはそうじゃなくて、お母さんのお腹から生まれている。子どもながら、そんなふうにちゃんと理解していましたね」そして、「ぼくたち3人は、みんな違うお母さんのお腹から生まれてきている」こともわかっていると言います。

ダイ君はそれ以上の疑問は今のところ、ぶつけてきません。むしろ3歳になったモモちゃんのほうが、自分以外のきょうだいがどうやって家族になったのかについて興味津々だそうです。「ユイちゃんのお母さんは誰なの?」「お名前はなんていうの?」とケイコさんを質問攻めにします。「産んだお母さんはほかにいるよ。でも、わけがあって、どうしてもユイちゃんと一緒にいられなかったんだ」と言うと、「ユイちゃんのお母さんは寂しくないの?」とユイちゃんの生みの親を心配し始めました。

こんなふうに、子どもによって養子であることの受け止め方は違うのですが、「お母さんのお腹から生まれていなくても、お母さんは、私（ぼく）のお母さん。これが私（ぼく）たちの家族」という事実は、子どもたちのなかで揺らいでいないと、ケイコさんは感じているそうです。

＊「ぼくは新しく生まれたよ」～ノブコさんの場合

結婚30年になるノブコさんとヤスユキさん夫妻は、十数年におよぶ不妊治療の末に、14年前、生まれたばかりのマサオ君を養子に迎えました。夫妻はマサオ君を育てるにあたって「養子本人がどう感じているかを知りたい」と思い、本を探しました。そこで、海外の養子たちのインタビュー集を見つけます。それを読んで、「この子は私たちと出会う前に、生みの親との離別という大きな喪失体験をしているのだ。この子が将来、生まれてきてよかったと思えるように育てていこう」と思ったそうです。

真実告知は生後100日の「お食い初め」のときにはもう始めていました。ノブコさんは毎晩、眠るときに、「あなたに会えて本当によかった」「産んでくれたお母さんに感謝だね」と言い続けました。「あなたは私にとって大切な人だ」というノブコさんの言葉を、中学生になったマサオ君ははっきりと覚えているそうです。物心つく前から真実告知をして、親子の間には何の秘密もなくなりました。

小学校に上がると、養子縁組を仲介した民間団体を通して知り合った育て親たちとの交流会などで、子どもと大人が別々に行動するようになりました。子ども同士で遊ぶ機会が増えて、マサオ君も養子について客観的に理解するようになっていきます。

小学2年の頃、マサオ君が「ぼくを産んだ人はどこにいるの？　どうしてぼくを捨てたの？」と尋ねてきました。ノブコさんは「捨てたんじゃないよ。お父さんがいなくて、お母さんはマサオを一人では育てられなかった。マサオがいちばん幸せになるように、神様が決めて、わが家に送ってくれたの」と言いました。すると、「結婚しなくても子どもが生まれるのか……」と神妙な顔をしていたそうです。

またあるときは、ノブコさんに「妹がほしいな。本当はぼくが女の子のほうがよかったんじゃない？」とたびたび言ってくるようになりました。ノブコさんは、それが「本当にぼくでいいの？」というマサオ君なりの「サイン」だと感じました。マサオ君は2年ほど、折に触れてその話題を持ち出しました。言われるたびに、ノブコさんは「ママはマサオだけでいいな」と同じ返事をしました。するとマサオ君は「そうかあ」と、きまってほっとしたような表情を浮かべました。

あるとき、マサオ君の同級生の親が、子どもにマサオ君が養子であることを話し、その子がマサオ君に直接、「マサオのお母さんは本当のお母さんじゃないの？」と聞いてきたことがありました。唐突な質問だったため、マサオ君は心の準備ができておらず、「うん、そうなんだ」と言ってしまいました。

マサオ君にとっては、ノブコさんが「生みの母ではない」ことも、「本当のお母さんである」ことも、いずれも真実です。「本当のお母さんってなに？」「産んでいなければ本当のお母さんではないの？」マサオ君は、よくわからなくなってしまいました。そして、そのできごとをきっかけに、半年ほど家に引きこもってしまいました。

ノブコさんはマサオ君と一緒に児童相談所やカウンセリングに通い、親子で苦しい時期を乗り越えました。マサオ君は、カウンセリングの先生に自分が特別養子縁組で夫妻の子どもとなった経緯を話したり、心のモヤモヤを絵に描いて表現したりして、少しずつ立ち直っていきました。

「ぼくは今、まだママのお腹にいるんだ。もうすぐ生まれるから、待っていて」マサオ君のそんな言葉に、ノブコさんは「この子はいま、生まれ直しをしようとしているんだ」と思ったそうです。そして半年ほどしたある日、「ぼくは新しく生まれたよ」とマサオ君が言いました。学校にも、ふたたび通えるようになりました。

「幼い頃に親から伝えられた『真実』を子ども自身が受け入れ、自分に対して『告知』することが必要だったのではないでしょうか」とノブコさんは振り返りました。

「試し行動」を乗り越える

養子として家庭にやってくる子どもは、生まれたばかりの赤ちゃんとは限りません。何らかの事情で生みの親と暮らせず、特定の養育者と一対一の関係を持てずに過ごしてきた子どもが、ある日突然、「家庭」という、24時間ずっと自分の世話をしてくれる人がいる環境と出合うのです。

そういった子どもたちは、新しい環境に適応しようともがき、**自分が本当にここにいていいのか、必要とされているかを、彼らなりのやり方で確認しようとします。**それは一方で、**育て親がどこまで自分を受け入れてくれるのか、そして愛してくれるのか、つまり、どこまで「親になる覚悟」があるのかを見きわめようとする行為**だともいえます。こうした子どもたちの行動は「試し行動」と呼ばれます。

試し行動は、反抗的な態度となって表れることもあれば、とっくにオムツがとれた幼児がもう一度オムツをつけたがったり、哺乳瓶で飲み物を飲みたがったりするといった、「赤ちゃん返り」となって表れることもあります。赤ちゃん返りは、育て親の注目を得るためのアピールであると同時に、失われた赤ちゃんの時間を取り戻すための行為だともいわれます。

①「試し行動」ってどんなこと？

ミサトさんは40代半ばで、3歳だったリカちゃんを、児童養護施設から里子として迎えました。夫婦とも、もともと特別養子縁組を希望していましたが、県の児童相談所を通じた養子縁組里親には希望者が殺到するため、出会いの機会がなかなか訪れないと聞き、「子育てがしたい」という気持ちを優先させようと、特別養子縁組を前提としない養育里親（162ページ表3－3）にも登録していたのです。

リカちゃんは端正な顔立ちの可愛らしい女の子。親のネグレクト（育児放棄）によって、1歳7ヵ月から施設で育っていました。ミサトさんは長年続けた仕事も辞め、全力で子育てにのぞみました。

最初の出会いから一緒に暮らすまでに、半年以上、施設に通いました。最初の3ヵ月ほどはお人形のようにおとなしかったリカちゃんですが、ミサトさんに慣れるにつれ、警戒感をあらわにし、拒絶するようになりました。無理にオムツを替えようとして、血が出るほど顔を噛まれたこともあります。ミサトさんは施設の協力のもと、他の保育士と同じようにエプロンをつけて他の子どもたちとも接し、リカちゃんに「怖くない大人」と認めてもらうよう努めました。保育士からは「リカちゃんはこれまで特定の大人に注目されたことがないので、どうすればいいかわからないのでしょう」と言われたそうです。

毎日のように施設に通いましたが、リカちゃんはなかなかなつきません。でも、リカちゃんの境遇を思うと、ミサトさんはあきらめる気にはなりませんでした。やがてリカちゃんの態度に変化が見えてきたので、施設と児童相談所の判断のもと、自宅に連れ帰ることになりました。

初日、リカちゃんは始終泣き通しで、食事も水分もとろうとしませんでした。仕方なく、リカちゃんが眠る部屋の前の廊下に弁当箱いっぱいのサクランボを置くと、よほどお腹がすいていたのでしょう、しばらくして、ミサトさんに隠れてむさぼるように食べてしまいました。

1ヵ月ほどしてミサトさんに慣れてくると、今度はずっと抱っこをせがむようになり、ミサトさんは、ゴミ出しにもトイレにも行けなくなりました。夜はコアラのようにリカちゃんを前に抱え、3時間かけて寝かしつけました。リカちゃんは、赤ちゃんのように哺乳瓶でミルクを飲みたがることもありました。

一方で、リカちゃんはときおり、反抗的な態度を見せるようになりました。「麺が食べたい」と言われてうどんを出すと、「ご飯が食べたい」。テーブルに並んだものをわざとこぼしてみたり、一緒に遊んでいて、歯形が付くほど肩を噛まれたりもしました。こうした「試し行動」は、強弱はあれど3ヵ月くらい続き、以後は徐々に落ち着いていきました。

血がつながった親子の子育てでも、自我が芽生える2〜3歳頃の子どもが親を試そうとする態度をとることがありますが、ここでいう試し行動はそれとは少し意味合いが違います。子どもたちは環境の激変を体験し、「この大人たちもいつかいなくなり、ふたたび悲しい思いをするのではないか」という不安と、「この大人たちは、こんどこそ、ずっとそばにいてくれるかもしれない」という期待でいっぱいなのです。そして、その複雑な思いを言葉で表すすべを知りません。

いつ、どれくらいの期間にわたって試し行動が表れるかは、子どもによって違います。育て親にとってもつらい時間ですが、永遠に続くわけではありません。前出の家庭養護促進協会の岩崎さんは、「子どもは何歳で迎えても、生まれたときからの育て直しを求める」のだと言います。

試し行動も赤ちゃん返りも、親子になるために必要なプロセスでもあるので、過剰に不安になる必要はありません。子どもたちがどんな心理状態にあり、どんなことが起きうるのか、先輩たちのケースを知っておけば、気持ちの余裕も生まれるでしょう。ある育て親は、「肌のふれあいを何より必要とする子もいれば、触られることが苦手な子もいる。性格や波長も人それぞれ違う。日々のコミュニケーションを通じて、どんな接し方がその子に合っているかを見極めていくことが大切」と話していました。

② 試し行動は子どもによって違う

「試し行動」を始めとする、施設生活を送っていた乳幼児に特徴的な行動は、子どもの性格や生育環境によってさまざまな形をとります。よくみられる行動の一つに「過食・偏食」があります。菓子パンや味付けのり、ふりかけなど、気に入ったものだけを異常な量、食べ続ける行為です。ある子どもは、家庭に迎えた当時、ひたすらバナナをほしがったそうです。育て親は、「求めに応じてあげ続けていたら、いつのまにか収まりました」と言います。

育て親が困る顔を見たくて、わざとじゅうたんの上に牛乳をこぼしたり、おもらしをしたり、風呂の水を出しっぱなしにしたり、といった行動をとることもあります。やり場のない怒りを爆発させるかのように暴れたり、暴力の形で育て親にぶつけたりする場合もあります。

どんな「試し」をするかは子どもによって違います。子どもはよく見ているもので、たとえば世間体を気にする育て親に対しては、万引きなどをして困らせることがあるそうです。虐待を受けていた子が、育て親の同情や関心をかうために、自分で階段から落ちてアザをつくるなど、自傷行為をともなう場合もあります。

③ 試し行動をひきおこす「愛着障害」

60代のヨウコさんは、30年にわたって8人の里子を育てたベテランです。結婚は20代でしたが、子どもがなかなかできませんでした。「24時間、長い期間にわたって子どもと向き合いたい」と思ったヨウコさんは、里親になる道を選びました。里親になった当初は、特別養子の制度はありませんでした。

ヨウコさんが迎えた8人の子どもたちは、それぞれ養育歴が違いました。ヨウコさんは「施設での生活が長い子ほど、親子関係が落ち着くのに時間がかかったような気がします」と言います。ヨウコさんの家には同時に複数の子どもがいたため、初めて家庭に迎えられた子どもが、前から家にいる子どもたちの行動から親子とはどういうものかを理解していくことも多かったようです。また、どんな環境で育ち、何歳で家庭にやってきたかが、子どもの行動に影響していると感じたそうです。

例えば、3歳で迎えた女の子は、ヨウコさんのそばを片時も離れようとしませんでした。その女の子は幼い頃に施設に預けられ、いったん生みの親に引き取られたものの、その親に恋人ができたために、施設に戻された経緯がありました。ゴミ出しに行っただけで、ヨウコさんがいないことに気づくと靴も履かずに泣きながら追ってきたそうです。「その泣き方が尋常ではないんです。またひとりにされるんじゃないかと不安だったのかもしれません」

やはり3歳で迎えた男の子は、大人とみれば誰にでも寄っていきました。公園に行けば、知らないお母さんたちに初対面とは思えないなれなれしさでベタベタするのです。ヨウコさんは以前、専門家の講演を聴いていたので、男の子の行動が「愛着障害」からくるものと気づいていました。女の子は、短期間でも生みの親に育てられたので、愛着はできていると思っていたそうですが、「今思うと、表れ方は違うけれど、男の子の行動も女の子の行動も、愛着障害だったのかもしれない」と言っていました。

生まれたばかりの赤ちゃんは、泣くことで、空腹や排泄、眠気などの不快感を伝え、その状態を改善してほしいと「要求」します。そこで、特定の養育者（多くの場合、母親）は抱っこしたり、あやしたりして、赤ちゃんの不快を解消します。母親は、あやしながら赤ちゃんに話しかけ、赤ちゃんがそれに応えて笑ったり、声を上げたりします。この相互作用によって、赤ちゃんは母親と信頼の絆（「愛着」または「アタッチメント」と呼ばれます）を結んでいきます。

一方で、赤ちゃんが「気持ちよくなりたい」「甘えたい」といった要求を無視され続けると、養育者との間に愛着関係がうまく築かれず、多動や衝動的行為、自尊感情の低さからくる自傷行為、破壊的行為などの症状となって表れることがあります。それらを「愛着障害」と呼びます。

「試し行動」のほか、「むやみと他人にベタベタする」「ひとりになるのを極度に恐れる」といった、施設から家庭にやってきた子どもたちの多くにみられる行動の背景に「愛着障害」があることは、児童福祉に関わる専門家の間でよく知られています。

④試し行動にどう向き合う？

＊その場からいったん離れる

前出の里親歴30年のヨウコさんによれば、子どもの試し行動にカッとなったり、売り言葉に買い言葉で言い争いになったりしたときは、その場からいったん離れることも必要だそうです。「お腹が痛い」とトイレに駆け込んだり、「買い物を思い出した」などと言って家の外に出たりするのです。外出時など、その場を離れられない場合は、安全に注意しながら、いっとき子どもに背を向け、気持ちが落ち着いてから、「悲しかったんだね」「悔しかったんだね」などと子どもの気持ちを短い言葉で伝えるようにしたそうです。

親も人間ですから、子どもの挑発にカッとなることもあります。少し時間をおいて、頭を冷やすのが大事なのです。子どもと同じ土俵に乗らないことも大切です。

一方で、ふだんからできるだけ愛情を表現することを心がけることも必要だといいます。やさしく、柔らかい言葉をかけ続けることは、子どものカチカチになった心をほぐす効果があるようです。ヨウコさんは、ボディータッチを増やし、小さなことでも「よくできたね」「かわいいね」「○○ちゃんが大好きよ」と、言葉で表現するようにしていました。生活を共にするなかで、根気強い対応を繰り返していくうち、子どもの試し行動はだんだんと収まっていったそうです。

＊2人きりの時間を作る

ヨウコさんが迎えた前出の3歳の男の子は、家に迎えた当初は愛着障害がひどく、大人とみれば誰にでもベタベタとまとわりついていました。つまり、彼にとってヨウコさんは特別な存在ではないということです。ヨウコさんは、男の子と2人だけの時間をつくるようにしました。公園に行くと、他の子にちょっかいを出したり、知らないママにすり寄っていったりしてトラブルの種になるので、朝8時半頃に出かけ、みんながやってくる午前10時頃には帰ってくるようにして、毎日2人で公園に通いました。幼稚園に入ってからは、子どもの足で片道40分かかる道を、手をつないでお話をしながら通い続けたそうです。

すると次第に、ヨウコさんの前では「今日は幼稚園に行きたくない」「もっと遊びたい」などと、だだをこねるようになりました。そうした行動は、ヨウコさんと2人になるときだけ見せたそうです。「日々の積み重ねによって、ちゃんと関係性は築き直せるのです。その経験が大きな自信になりました」とヨウコさんは言います。

＊徹底して受け入れる

60代のヨシオさんとサエコさん夫婦は、14歳から34歳まで5人の養子・里子の育て親です。子どもたちのうち、「次男」と「三男」は母親が同じ異父兄弟。次男が4歳、三男が3歳のときに母親のネグレクトのために児童相談所に緊急保護されたあと、里子として夫婦のもとに預けられました。ある程度の事情がわかる年齢で家にきたため、生活の変化が与えた心理的な影響も大きく、2人の「試し行動」は、ほかの子どもたちと比べても、それは激しかったそうです。

決まったものしか食べなかったり、お腹がいっぱいになっても食べ続けたりといった偏食・過食行動は、ストレスを抱えた子どもによく見られます。三男は家に迎えてまもなく、食べては吐き、吐いては食べるといった行動を繰り返しました。次男と三男は寝るときは「赤ちゃん返り」のようにサエコさんのおっぱいを取り合って吸い付き、ベッドの上で飛びはね、おしっこをふりまいたこともあります。

「私たちがどこまで受け入れられるかを試していたんですね」とサエコさん。子どもたちが本気でぶつかってきたので、夫婦も徹底して受け止めました。布団にはおねしょシーツを敷き、台所のテーブルにはビニールカバーをかけて「やりたいだけやりなさい」と、ドンと構えました。そうしたら、数ヵ月で「試し行動」は収まったそうです。

ただ、その後に末の息子を赤ちゃんで養子に迎えると、次男と三男の嫉妬は最高潮に達し、末っ子のオモチャを壊したり、ちょっかいを出したりしました。そこで、赤ちゃんが使うガラガラから三輪車まで、すでにそんな年齢ではなくなっていた2人にも買い与えました。もしかしたら2人は、もう一度、赤ちゃんとしての「育て直し」を要求していたのかもしれません。

＊「試させている」と思って

前出の家庭養護促進協会の岩崎さんは、どんなに試し行動や赤ちゃん返りが激しくても、「6ヵ月間は、命に関わること以外では叱らずに、子どもの欲求を受け入れてほしい」と言います。「子どもが『大好きなお父さんとお母さん』と思えるような関係を築くのです。試されていると思うのではなく、試させているのだと思う心の余裕が大事です」

　また、虐待やネグレクトによって子どもがやり場のない怒りをため続けていたりする場合、何かの拍子に怒りが噴出して反抗的な態度に出ることがあります。育て親を殴る、ける、噛むといった暴力行為として表れることもあるかもしれません。そんなときには、ペットボトルやラップの芯などで模造の剣を作り、親子でチャンバラごっこをするのもいいそうです。怒りはためさせず、楽しい遊びにかえて発散させることも必要なのです。

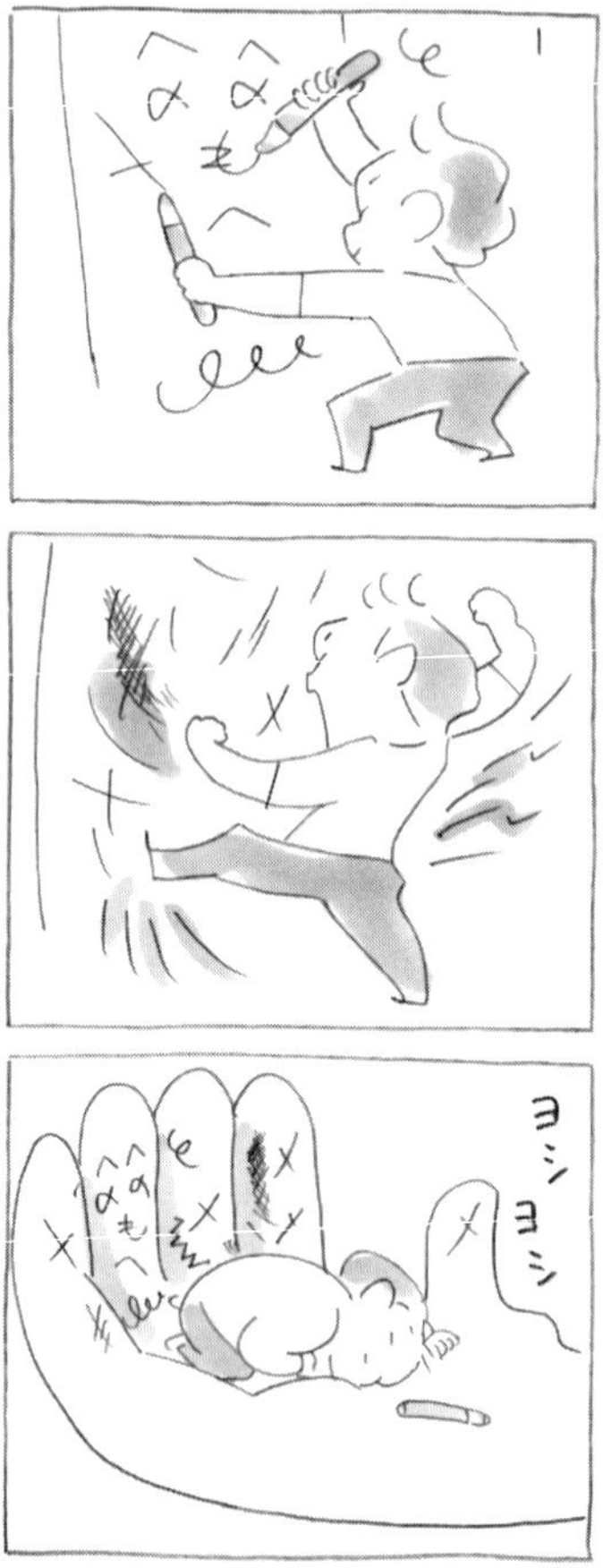

試し行動や赤ちゃん返りといった行動には相応の理由があること、子どもたちはそうした行動を通じて、「自分は必要とされているか」を確認し、居場所を見つけようとしているのだということを忘れないでください。それは養子として迎えられた子どもが、新たな環境を受け入れ、自分の人生を生き直す上で必要なプロセスです。「育て親が、親であることをやめさえしなければ、いつか子どもは親の思いがわかります。そこから新たに築かれる親子関係は、また素敵なものがあります」と岩崎さんは話しています。

column1　子どもが家庭で育つということ

子どもが家庭で育つことは、世界中の子どもたちが生まれながらに持つ「権利」です。日本も批准する国連の「児童の権利に関する条約」は、その第20条の2で、戦争や虐待など、何らかの事情で生まれた家庭で育つ機会を奪われた子どもについて、国は子どもに（実の家庭に代わる）代替的な養護の環境を提供しなくてはならないとしています。同20条の3では、具体的な策として里親委託や養子縁組を挙げ、「必要な場合には児童の監護のための適当な施設への収容を含む」としています。つまり、施設での養育は、家庭での養育がむずかしい場合の最終手段という位置づけです。

さらに同21条で、養子縁組の制度がある国は、「児童の最善の利益について最大の考慮が払われることを確保するもの」だとして、とりわけ養子縁組の有益性を認めているのです。

生まれてからの数年間は、子どもの発達においてきわめて重要な時期だということが、発達心理学や神経科学の側面から明らかになっています。赤ちゃんは世話をしてくれる人に慰めや保護を要求し、受け入れられる経験を繰り返すことで、相手との愛着関係を形成していきます。要求を無視され続けると、他人の気持ちを読みとり、共感する脳の部位の成長が妨げられてしまいます。また、自分を守る近しい存在と、それ以外の人との区別がつかなくなってしまうのです。

アメリカの発達心理学や神経科学の研究者が、ルーマニアの施設で育った子どもと、施設から里親に委託された子どもの脳や心の発達を長期間にわたって調べた「ブカレスト早期介入プロジェクト（ＢＥＩＰ）」という研究があります。それによると、２歳までに里親家庭に委託された子どもたちは、施設で育った子どもや、２歳以降に里親委託された子どもより、発達のさまざまな指数が有意に高く、精神面での健康状態も一般家庭で育った子どもとほとんど変わらなかったそうです。

愛着の問題にくわしい社会福祉学博士のヘネシー・澄子さんによれば、生まれてから３ヵ月がもっとも深い愛着関係ができる時期で、欧米ではできるだけこの期間に養子縁組を行うそうです。また、おおむね５歳までが、愛着関係を自然に築くのに最適な時期だといえます。ただ、その年齢を過ぎたらダメだということではありません。何歳でも愛着の修復は可能だということが、最近の脳の研究でも裏付けられているそうです。「見つめ合う、抱き合うといった愛着を深める行動は、新たな体験となって、過去のトラウマ的なできごとを乗り越える弾力性を子どもに与えます。私が知るもっとも年長の患者さん親子は、母親89歳、息子64歳。素晴らしい愛着を結び直しました」

里親歴の長いある夫婦は、３歳半の男の子を施設から迎えました。そのとき、「発達に少し遅れがある」と言われたそうです。集中力がなく、テレビを30分見続けるのもむずかしい。同じ年頃の友だちとは遊べず、すぐにかんしゃくを起こしました。里母はいつもそばにいて、「人をぶってはだめよ」と根気強く教えました。家族とおしゃべりをしながらテレビを見たり、里父が一緒にお風呂に入って数を教えたりするうちに、男の子の表情や態度が変わっていきました。

1年経ち、幼稚園の運動会では同級生と一緒にダンスを披露し、30まで数えられるようになりました。家庭生活の中には、施設では得られない多くの刺激があります。「子どもの変化は驚くほどでした」と社会福祉の仕事に関わる里父は言います。「特定の大人と愛着関係ができると、子どもはその関係を足がかりに冒険を始め、知識や生活習慣を獲得していきます。家庭で育つことに、遅すぎるから意味はない、ということはないと思います」

大人になった養子たちの思い

ここまで、「親子になること」を育て親の側からみてきましたが、子どもたちは、養子である事実を自身の中でどう受け止めたのでしょうか。ここからは、養子たちの声を紹介したいと思います。自らの生い立ちをポジティブにとらえ、自分の言葉で語る養子たちが少しずつ現れ始めています。特別養子縁組への社会の理解が広まりつつあることも、養子たちを後押ししているようです。

①「今のほうが、親のありがたみを感じます」～トモミさんの場合

40代のトモミさんは、生後まもなく、生みの母が亡くなって乳児院に預けられ、4ヵ月のとき、今の両親のもとに養子として迎えられました。当時はまだ特別養子の制度はなく、普通養子でした。

今でこそ健康そのもののトモミさんですが、小さい頃は体が弱く、流行病や風邪にかかっては何日も寝込んだそうです。そんなとき、母親はリンゴをすり下ろしたり、葛湯を作ったりして、つききりで看病してくれました。両親に叱られたり、ほめられたり、励まされたりしながら、ごく普通の幼少期を送ったと言います。

小学校に上がり、自分の両親が友だちの親よりもひとまわり年上であることに気づいて、「うちの親は考え方が古いな」「流行に疎いな」と思うこともありましたが、母親は毎日、トモミさんが学校から帰るとバドミントンの練習に付き合ってくれるほど元気でしたので、友だちの親との年齢のギャップを、それ以上気にすることもありませんでした。「失敗してもいいから、頑張ってごらん」「トモミならできるよ」――。学校生活が始まり、新しい友だちの輪に入っていくとき、逆上がりができなかったとき、そして、受験や就職活動で行き詰まったとき。少しの勇気や知恵がほしいとき、アドバイスをくれ、背中を押してくれる「親」の存在は、トモミさんにとって今も昔もかけがえのないものです。

「根っからのマイペース人間なので、私だけに個別に対応してくれる人たちの存在はとてもありがたかったです」

真実告知は20歳のときでした。でもトモミさんは6歳のとき、保険証の「養女」という表記を偶然目にしていました。当時、養子は保険証に「養子」や「養女」と記載されていたのです。子供心にもくわしく聞いてはいけないような気がして、両親に問いただすことはせず、自分の出自について両親と話す機会は訪れませんでした。このため、「自分の生みの親は誰なのだろう？」という思いを、14年間ずっと抱き続けていたと言います。

両親に「へその緒をみせて」と言ったり、名前の由来を聞いたりと、答えを得ようと試みてみましたが、「どこへいったかなあ」とはぐらかされたり、父母で違う由来を言われたりしました。親の愛情を何ら疑ったことはなくても、「漠然とした欠落感を背負っているようだった」とトモミさんは言います。

大学進学で親元を離れていた20歳のとき、海外旅行のためにパスポートが必要となったトモミさんは、実家の両親に戸籍抄本を送ってくれるよう頼みます。すると、戸籍抄本とともに、長い手紙が届きました。そこには、トモミさんが養子であることや、出生の経緯がつづられていました。じつは、その長い手紙には「下書き」があったのです。トモミさんは最近、実家の片付けをしていて、その下書きを見つけました。二十数年間、大事にしまわれていたことに、トモミさんは両親の深い愛情を感じたそうです。

「手紙は一つのいい手段だと思います。将来、子どもが成長してルーツを知りたいと思ったときの手がかりになるし、その後も、折に触れて育て親の思いを確認できます」

トモミさんはその後、30代で実父と兄、その家族らと対面を果たすことができました。初めて兄に会ったとき、「自分が男に生まれていたら、こんな風貌だったろう」と思ったそうです。同じ地元の高校に通っていたこともわかりました。ところが、ようやくめぐり合った兄は40代で急逝してしまいます。「もう少し早く真実を知り、再会できていたら、もっと長い時間、兄と過ごせたのに」トモミさんが、真実告知は早いほうがいいと思うのは、そんな理由からです。

また、健康診断などで「近親者にがんの方はいますか」と尋ねられれば、トモミさんは両親ではなく血縁者を想定して答えます。真実告知がされていなかったら、健康や生命に関わるこうした質問に適切な答えを返せなかったかもしれません。

トモミさんが生まれ育ったのは、どちらかといえば保守的で、地縁・血縁に重きを置く地域です。「私たち親子は、そんな風土のなか、びくびくしながら互いの関係を確かめ合ってきたようにも思います」

トモミさんは41歳で会社を辞めて独立しました。いまは実家の近くで独り暮らしをしています。親のありがたみは、むしろ今のほうが強く感じるそうです。どの組織にも属さない身となったとき、社会の最小単位である「家族」という場所が、どれだけトモミさんの心の支えになったか知れません。

「血のつながらない夫婦と子どもが家族になるためには、高いコミュニケーション技術を身につける必要があります。そんな高いハードルにチャレンジしながら、私を育ててくれた両親に、よく頑張ってくれたね、ありがとうと言いたいです」

②「『出自』と『育ち』は完全に切り離されています」～フミさんの場合

フミさんは、ＩＴ企業で働く30歳の女性です。一人娘のフミさんは、両親の惜しみない愛情を受けて育ち、中学・高校時代は部活動や友だち付き合いにいそしむ、ごく普通の青春を送りました。親の愛情を疑ったことは、一度もありませんでした。親戚同士もとても仲が良く、温かい人の輪の中で大きくなりました。

でも、今から思えば、「あれ？」と思う小さなできごとはいくつかありました。首がすわった頃からの写真は膨大にあるのに、生まれた直後の写真はインスタント写真が1枚あるだけだったこと。母親のお腹にあった手術の跡が気になり、「もしかして、私を産んだときの傷なのかな。でも傷のことを聞いたら、何かとんでもない秘密を知ってしまいそう」などと思いながら、結局、聞けずにいたこと。

また、フミさん自身は覚えていないのですが、父親に「もらいっ子なの？」と聞いたこともあるそうです。「何かわからないけれど、わが家には『結界』がある」小学校低学年の頃から、そんな思いを抱いていたと言います。

フミさんが「養子である自分」と出会うきっかけは、25歳のときの真実告知でした。離れて住む両親から養子である事実を告げられたのです。「用事があるから帰ってこい」そう言われて帰省し、夕食後に居間でくつろいでいたとき、父親が神妙な表情で切り出したのです。「じつは私たち親子に血のつながりはない。でも、何も変わらないから」そう話す父親は、フミさんと目を合わせず、体は震えていました。母親はその横で何も言わずに呆然としていました。フミさんは「わかった」とだけ答え、いたたまれなくなって2階の自室に駆け込みました。

その後、母と娘で海外旅行をしたとき、母親が「後で読んでね」と長い手紙をくれました。手紙は「ママの大事で大切なフミちゃんへ」で始まり、子どもができず、離縁さえ覚悟したけれど、父親とその家族がむしろいたわってくれたこと、フミさんを迎えてどれだけ嬉しかったか、どれだけ大事に思っているかが、便箋何枚にもわたって書かれていました。フミさんが気になっていた手術の跡は、子宮筋腫のものだったこともわかりました。フミさんは手紙を読んで、母親がどんなに深い愛情をもって自分を育ててくれたか、改めて気づいたと言います。

「真実告知のタイミングとしては遅いほうですね。でも、両親との揺るぎない関係が築かれ、物事を理解できる年齢で直接親から聞けたのは幸せでした。親戚を含め、周りの人たちが全力で私を守ってくれていたのだと思います」

フミさんが生まれたのは、特別養子縁組の制度ができる数年前です（制度ができた年に手続きをして特別養子となりました）。母親の不妊の事情を知る市役所の職員が、何らかの経緯で知った生みの母が育てられない赤ちゃんを、個人的に紹介してくれたということでした。その職員は、業務としてではなく、個人的なつながりから縁組を仲介したわけで、その職員がいなければ、フミさんは両親とはめぐり合っていなかったのです。

「もし、何かが少しずつずれて、この家に来ることがなかったら……。運命の不思議さにおそれさえ感じます」とフミさんは言います。「その役所の人が、通常の業務の枠を越え、リスクもいとわずにしてくれた行為がなければ、私は今の両親とめぐり合えずに、施設で育っていたでしょう。名前も知らないその人には感謝してもしきれない。ひと目会ってお礼を言いたいと思っています」

一方で、生みの母には複雑な思いを抱いていると言います。事実を知らされたばかりの頃は、「どこで何をしているんだろう」と思いました。自分と似た人なのかな、という興味もありました。新幹線の中で「同じ車両に乗り合わせているかもしれない」と思ったり、地元で大きなお祭りがあると、「この人波の中にいるかもしれない」と思ったりもしました。でも、具体的に調べる気にはなりませんでした。

フミさんの中で「出自」と「育ち」は完全に切り離されていると言います。育ってきた環境に満足しているので、出自についてふと考えることはあっても、全容を明らかにする動機がないのだそうです。大人になってからは、生みの親に少し反発を感じてもいました。「血のつながらない両親がここまでしてくれるのに、産んだあなたはなぜ、親としてすべきことをしなかったのか、人として許せないという気持ちになってしまう」と言います。ただ、「この気持ちは、育て親の愛を疑うことなく育った証拠かもしれない」とも思うそうです。

③「愛していると言い続けてくれればいいんです」～ナオミさんの場合

都内の短大に通うナオミさんは今、来春の卒業を控えて、卒論制作の真っ最中。テーマはずばり、「養子縁組」です。ナオミさんは生まれてすぐ、東京都の民間団体を通じて、今の両親のもとに迎えられました。両親は、ナオミさんがまだ赤ちゃんの頃から、養子縁組について書かれた絵本を読みながら、「ナオミには産んでくれたお母さんがいるんだよ」と話してくれたそうです。「私、幼稚園に通うまで、ふつうはお母さんが1人だということを知らなかったんですよ」そう言って、ナオミさんは笑います。

ナオミさんの家では、養子であることは「特別なこと」「秘密にすること」ではありませんでした。2歳下の妹も養子で、家族全員、血のつながりはありません。「だから、わが家では血縁があまり大きな意味を持たないんです」

読書好きでのんびり屋のナオミさんと、ボーイッシュで活発な妹は性格も趣味も正反対で、年頃になってからはけんかもしょっちゅうです。また、ナオミさんは背が高く、サラサラの髪の毛ですが、育ての母親は背はそれほど高くなく、髪質も違うそうです。育ての父親も含めて、家族は性格も外見も一人ひとり違って、まったく似ていないのだと言います。それでも、「言われてみればそうだな、という程度の話」とナオミさん。「縁あって家族になったわけで、今の家族の組み合わせ以外、なかったと思う」と明快です。

養子であることを強く意識させられたのは、むしろ「周囲の視線」によってでした。小学校高学年のころ、家に遊びに来ていた友だちが、「ナオミはもらいっ子なの？」と聞いてきました。そのときは、居合わせた母親のほうがあわてて、その子にわかるように、きちんと事情を説明したそうです。

その夜、ナオミさんと2人になったとき、母親はこう話してくれました。「血のつながりがなくても、私たち親子は何も変わらない。でも、世の中には『普通の家族と違う』という見方をする人もいるのよ」

養子であることになんら屈託を抱えたことのないナオミさんですが、中学生の頃にはそれなりに反抗期もあったと言います。母親に小言を言われたときには「そんなにいやなら養子にしなきゃよかったじゃない！」と言い返したり、養子縁組を仲介した民間団体の親睦会で知り合った養子の友だちの名前を挙げ、「○○ちゃんのお母さんだったらよかったのになー」と、わざと挑発するようなことを言ったりもしました。母親はそのたびに、「ほんとにそうよねえ」「でも、そんなこと言っても仕方ないじゃない」とサラリとかわしたそうです。

今になって当時の自分を振り返ると、「間違いなく、これが自分の家族だと思っていたからこそ、あんなことが言えたのだ」と思うそうです。

ナオミさん自身は、今の家庭に来るべくして来たと感じていると言います。「長いこと一緒に暮らしていると、家族と波長や雰囲気まで似てきます。それは理屈じゃ説明できないんです」養子縁組は、さまざまな家族の形のひとつであり、その家に生まれてくることも、その家に養子縁組で迎えられることも、同じ偶然による「奇跡」だ——。ナオミさんはそう考えています。

生みの親に言いたいことはありますか？　そう尋ねると、ナオミさんは、「施設に入れずに、こうして家庭に託してくれたことに感謝しています」と言いました。「私を産んでくれた人が、どんな事情があり、どんな思いで手放したのだろうと思うことはあっても、憎いと思ったことはありません」それでも、生みの母のことをあれこれ想像したりはします。やさしい人かな、お金持ちなのかな……。

そういう子どもの気持ちは、育て親にとってはちょっぴりつらいものかもしれないですね――。そう言うと、ナオミさんはきっぱりとこう言いました。「子どもはただ、想像するだけです。幼い頃から、養子であることと、血のつながりに左右されない親の愛情を伝えていれば、子どもはだれのことも恨みません。あなたを愛している、迎えてよかった、私たちは家族なのよって、言い続けてくれればいいんです」

映画のなかの養子縁組③

Je vous souhaite d'être follement aimée

めぐりあう日

ウニー・ルコント 監督・脚本／アニエス・ドゥ・サシー 共同脚本
セリーヌ・サレット／アンヌ・ブノワ／エリエス・アギスほか
2015年 フランス

あらすじ

夫と8歳の息子ノエとパリに住む理学療法士のエリザは、生みの親を知りません。養父母の了解を得て調査機関に実母の所在を尋ねますが、匿名で出産した女性を守るフランスの法律が壁となってたどり着くことができません。エリザはノエを連れて出生地に転居し、自ら調査に乗り出します。ある日、ノエの学校で働く中年女性アネットが、エリザが働く療法室を患者として訪れました。2人は肌が触れあう治療を重ねるうち、不思議な親密さを覚えるようになります。一方、母であり、妻でもあるエリザは人生に葛藤を抱えています。自分の歴史に空白があるために抱いている喪失感がエリザを襲い……。

自分がどこから来たのかを知ることは、どこへ向かうかを見定める道標となる——。自らも母親である30歳の養子の女性が、自身のルーツを知るために生みの母を探す物語です。

ルコント監督自身、国際養子です。韓国の孤児院で育ち、9歳でフランス人家庭の養子となりました。初めて監督・脚本を手がけた「冬の小鳥」(2009年)は、韓国人の孤児の少女が養子としてフランスに渡るまでを描く半自伝的な作品でした。2作目の今作にも、アイデンティティーの葛藤を抱える監督自身の体験が色濃く投影されています。

監督はこの作品をつくるにあたってフランスの養子縁組事業者や育て親、養子など、数多くの関係者に話を聞いたそうです。「人によって強弱はありますが、養子が抱く怒りの感情については誰もが言及していました」と監督は言います。リサーチの集積は作品にリアリティーを加え、たとえば母親だとわかったアネットとエ

リザの対面シーンで、エリザはアネットに、最初に怒りの感情をぶつけます。
「彼女は母親が誰かだけではなく、なぜ自分は捨てられなければならなかったのかを知りたかったのです。探求の原動力となったのが怒りでした」
監督自身は、9歳より前の記憶はほとんどなく、生みの親を探そうと思ったことはないそうです。それでも、「人生の時期によって方向性や強弱を変えながら、怒りの感情を抱き続けた」と言います。一方で、韓国で生まれ、フランス人として生きた半生は「素晴らしい冒険だった」と肯定的に受け止めています。
「生みの親に手放されるのも、養子になるのも、子どもが自ら選んだことではありません。すべて大人たちの選択です。子どもはそれを受け身ではなく、積極的に運命として受け止め、人生を再建していかなければならないのです」

第2部

特別養子縁組の基礎知識

～「法的な壁」の乗り越え方

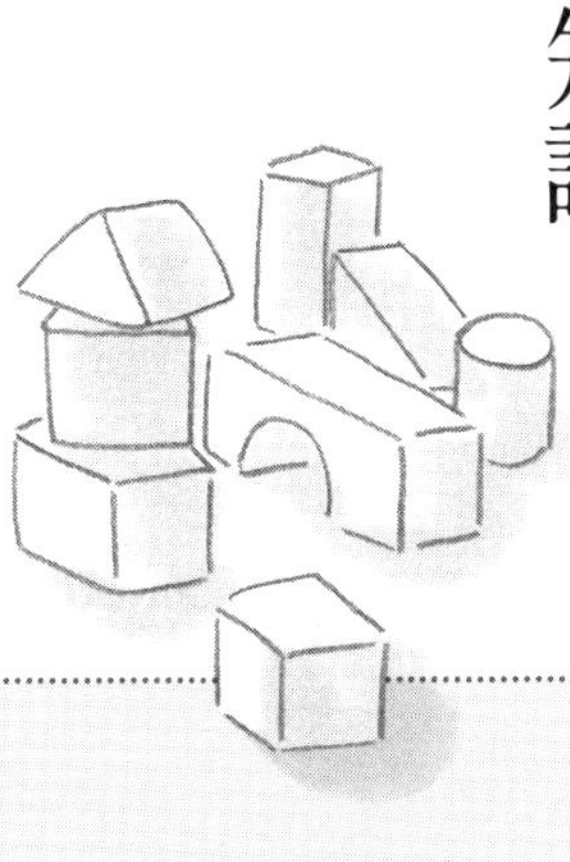

特別養子縁組で親子になるまで

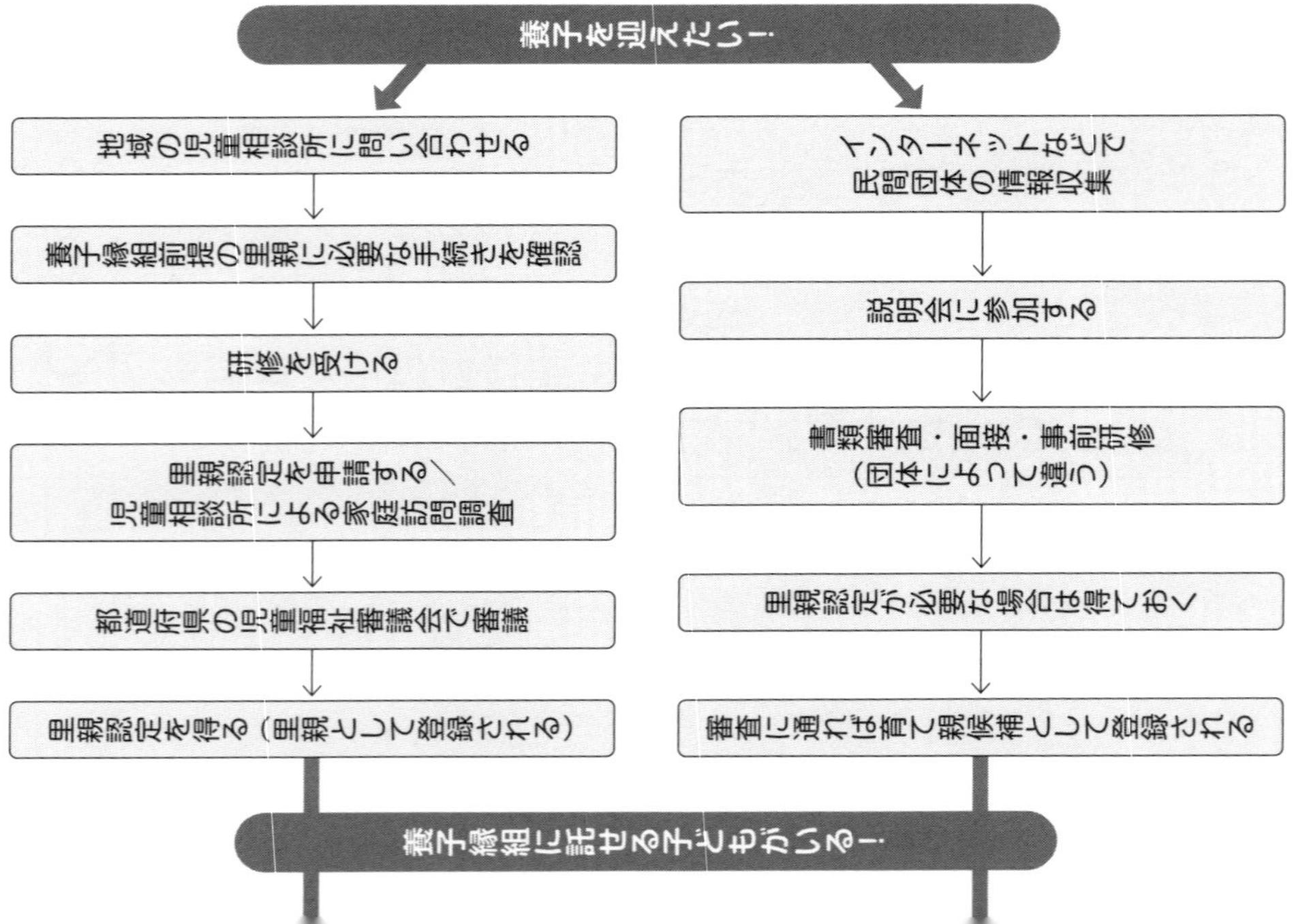
養子を迎えたい！
地域の児童相談所に問い合わせる
養子縁組前提の里親に必要な手続きを確認
研修を受ける
里親認定を申請する／
児童相談所による家庭訪問調査
都道府県の児童福祉審議会で審議
里親認定を得る（里親として登録される）
インターネットなどで
民間団体の情報収集
説明会に参加する
書類審査・面接・事前研修
（団体によって違う）
里親認定が必要な場合は得ておく
審査に通れば育て親候補として登録される
養子縁組に託せる子どもがいる！

※申し立て以降の流れについては、図4-1（204ページ）でくわしく示しています。

第3章

特別養子縁組のしくみ

ここからは、「特別養子縁組」によって子どもを迎えるために知っておきたいことや、具体的なステップについて説明します。148〜149ページに、特別養子縁組で親子になるまでの流れをまとめました。ここからの説明は、必要に応じてこのチャートを参照しながら読むと、理解しやすいでしょう。また、すでに児童相談所や民間団体にアプローチしている場合は、今、自分たちが特別養子縁組のどの段階にあるのか、その確認にも役立ててください。

特別養子縁組では、どのように子どもを迎えるのでしょうか。縁組を待つ子どもたちにはどんな背景があるのでしょうか。そして、子どもと出会うためにはどのような手続きをすればいいのでしょうか。スムーズに子どもを迎えるために、まずは特別養子縁組についてしっかりと知っておきましょう。

まずは心の準備を

養子を迎えて、親になりたい――。そんな思いが心に浮かんだときから、親になる準備は始まっています。どんな子育てをしたいのか、子どもを迎えてどんな家庭を作りたいのか、日頃から考えておくといいでしょう。

特別養子縁組では、子どもを迎えるまでの間に、縁組を仲介する児童相談所や民間団体、縁組を成立させるかどうかを判断する家庭裁判所の面接などで、繰り返し、夫婦が子育てをするうえでめざしていることや大事にしていることを、くわしく聞かれることになります。夫婦はともに子どもの成長を助け、見守る「チーム」です。特別養子縁組を決断する段階から夫婦でよく話し合い、できるだけ呼吸をそろえておくことが、のちの子育てにどれだけ役立つかわかりません。

ただ、養子を迎えることを決断したとしても、すぐに子どもと出会えるわけではありません。まず、児童相談所や民間団体に育て親候補として登録する必要があります。育て親候補に登録できたとしても、いつ子どもを迎えられるのかはわかりません。数ヵ月後という場合もあれば、何年も待つ場合もあります。

特別養子縁組ではよく、そうした「待機期間」は「妊娠期間」にたとえられます。妊婦さんは、実際に赤ちゃんと対面するまでの間、「元気な子が生まれますように」と願ったり、「男の子だといいな」「女の子だといいな」といった希望を抱いたり、「うまく子育てができるだろうか」という不安に悩まされたりします。養子になる子どもを待つ夫婦も、子どもと対面するまで、そうした思いを折に触れて抱くでしょう。育て親候補に登録したら、「今は私たちの妊娠期間だ」と前向きにとらえ、充実した準備期間を過ごしてほしいと思います。

2つの養子制度

日本には「普通養子」と「特別養子」という2つの養子制度があります。2つの養子制度は細かな点でいくつか違いがありますが、**もっとも大きな違いは、養子縁組が成立した後に、実親（生みの親）と子どもとの親子関係が残るかどうか**ということでしょう。普通養子では、親権者は養親（育て親）ですが、相続など生みの親との法的な親子関係も継続し

		普通養子	特別養子
形　式		養親と養子の合意で契約により成立	家庭裁判所の審判で成立
縁組の要件	養　親	●成人であること ●独身でもよい ●養子より年長である	●婚姻している夫婦 ●一方は25歳以上、他方は20歳以上
	実親の同意	子が15歳未満の場合は必要	必要
	養　子	●養親より年長でないこと ●年齢制限なし ●未成年の場合は家庭裁判所の許可が必要	●6歳未満（ただし6歳未満から養親に養育されていれば8歳未満） ●実親による養育が困難である
実親との親子関係		継続	終了
離　縁		当事者の協議により可能。ただし養子が15歳未満の時は法定代理人と養親との協議となる	原則としてできない。ただし虐待など子の福祉を害する場合のみ、養子、実父母、検察官が申し立てられる。養親からの離縁は不可
戸籍の表記		養子または養女	長男または長女など（実子と同じ） 但し書きに「民法817条の2による裁判確定」と表記
相　続		子は実親と養親の扶養義務と相続権を持つ	子は養親の扶養義務と相続権を持つ
成立までの期間		約1～2ヵ月	6ヵ月以上

表3-1　2つの養子制度

ます。一方、特別養子では、養子縁組がいったん成立したら、生みの親と子どもとの間の親子関係は解消されます。表３－１（１５３ページ）に、２つの制度の特徴をまとめました。

普通養子は、当事者である育て親と養子の合意によって成立する制度です。育て親と養子が署名した「養子縁組届」を自治体に提出します。

ただし、養子となる者が未成年者の場合は、自治体への届け出の前に家庭裁判所による許可が、さらに子どもが15歳未満の場合は法定代理人（実親）の同意が必要です。育て親が家庭裁判所に申し立てをし、裁判所の調査官が調査をしたり、必要ならば裁判官が審問をしたりして、最終的に普通養子縁組を許可するかどうかを判断します。裁判所の許可を受け、自治体に養子縁組届を出して初めて、縁組が成立します。

普通養子では、生みの親やその親族との法的な関係は残ります。戸籍には生みの親と育て親双方の名前が載り、育て親との続柄の欄には「養子」または「養女」と記載されます（図３－１）。

また、普通養子の目的は幅広く、子どもの養育のため、家督や家名を継がせるため、将来、養子に扶養してもらうため、配偶者の連れ子を養子とするためなど、さまざまです。日本では、養子縁組の多くは普通養子です。

	全部事項証明
本　　籍 氏　　名	東京都文京区音羽二丁目12番地 甲山　太郎
戸籍事項 　戸籍編製	省略
戸籍に記録されている者	【名】太郎 【生年月日】昭和48年6月7日　【配偶者区分】夫 【父】甲山陸夫 【母】甲山ナミ 【続柄】長男
身分事項 　出　　生 　婚　　姻 　養子縁組	省略 省略 【縁組日】平成28年11月15日 【共同縁組者】妻 【養子氏名】乙川一平
戸籍に記録されている者	【名】花子 【生年月日】昭和53年3月4日　【配偶者区分】妻 【父】丙田俊三 【母】丙田ミチ 【続柄】長女
身分事項 　出　　生 　婚　　姻 　養子縁組	省略 省略 【縁組日】平成28年11月15日 【共同縁組者】夫 【養子氏名】乙川一平
戸籍に記録されている者	【名】一平 【生年月日】平成20年5月5日 【父】乙川二郎 【母】乙川洋子 【続柄】長男 【養父】甲山太郎 【養母】甲山花子 【続柄】養子
身分事項 　出　　生 　養子縁組	省略 【縁組日】平成28年11月15日 【養父氏名】甲山太郎 【養母氏名】甲山花子 【代諾者】親権者父母 【従前戸籍】神奈川県川崎市川崎区北町5番地　乙川二郎
	以下余白

図3-1　普通養子の育て親の戸籍

特別養子は、家庭裁判所が審判によって親子関係をつくる制度です。養子となる子どもと育て親との間に親子関係を誕生させ、生みの親との親子関係を解消します。もちろん、戸籍に反映させるために縁組成立後の自治体への届け出は必要ですが、制度上、審判が確定した時点で、新しい親子関係が誕生しているのです。

特別養子の大きな特徴は、対象となる子どもの年齢を6歳未満に限定していることです。子どもが6歳になる前から養育していることが明らかな場合は、申し立て時に8歳未満であれば認められます。なお、2019年6月現在、対象年齢を原則15歳未満に引き上げることが検討されています。

特別養子縁組の成立には、6ヵ月以上の試験養育期間が必要です。縁組が成立すると戸籍には育ての両親の名前だけが載り、続柄の欄には嫡出子と同じように「長男」「長女」などと記載されます（図3-2）。ただ、身分事項の欄に「【民法817条の2による裁判確定日】平成○年○月○日」などと記載されるため、特別養子であることはわかります。これは、子どもの「出自を知る権利」を保障するためです。また、特別養子縁組では、育て親の側から離縁はできません。縁組成立までの流れは第4章でくわしく説明します。

特別養子は、従来の養子制度では救えない子どもたちのために、1987年の民法改正でつくられた制度です（186ページコラム2参照）。ただ、特別養子縁組で子どもを迎

	全部事項証明
本　籍 氏　名	東京都文京区音羽二丁目12番地 甲山　太郎
戸籍事項 戸籍編製	省略
戸籍に記録されている者	【名】太郎 【生年月日】昭和48年6月7日　【配偶者区分】夫 【父】甲山陸夫 【母】甲山ナミ 【続柄】長男
身分事項 出　生	省略
婚　姻	省略
戸籍に記録されている者	【名】花子 【生年月日】昭和53年3月4日　【配偶者区分】妻 【父】丙田俊三 【母】丙田ミチ 【続柄】長女
身分事項 出　生	省略
婚　姻	省略
戸籍に記録されている者	【名】洋平 【生年月日】平成27年9月1日 【父】甲山太郎 【母】甲山花子 【続柄】長男
身分事項 出　生	省略
民法８１７条の２	【民法８１７条の２による裁判確定日】平成28年11月15日 【届出日】平成28年11月22日 【届出人】父母 【従前戸籍】神奈川県川崎市川崎区北町６番地　甲山洋平
	以下余白

図3-2　特別養子の育て親の戸籍

える親たちにとって最大の動機は「子どもがほしい」というものです。養子縁組の審判に数多く関わってきた家庭裁判所の調査官は、「特別養子を求める夫婦の最大の動機は『わが子がほしい』という思いであり、『家庭に恵まれない子がかわいそうだから』という理由だけで申請した人はほとんどいない」と話しています。福祉のための特別養子縁組ではありますが、実際は、わが子を迎え、幸せな家庭を築くことを求める大人たちの希望が支えている制度なのです。

1 子どもと出会うまで

子どもと出会う方法は2通り

特別養子縁組によって子どもを迎えるためには、まず、何らかの事情で生みの親が育てられない子どもと出会う必要があります。子どもと出会う方法は、大きく分けて2つあります（表3－2）。

ひとつは、乳児院や児童養護施設にいる子どもを、地域の児童相談所を通じて迎える方

	児童相談所を通じて迎える場合	民間団体を通じて迎える場合
費用	●かからない（縁組成立まで生活費が支給される）	●20万円～200万円程度
子どもの年齢	●新生児～6歳未満が対象だが、新生児は少ない	●新生児が中心
研修	●ほとんどの自治体で里親になる研修を受ける必要がある	●団体の方針による
委託後の支援	●縁組の申し立てから成立まで児童相談所の職員が支援 ●里親会、里親サロンなど	●団体によって支援態勢が違う ●基本的に縁組の申し立ては養親が行う ●養子縁組家族が集まる親睦会など
生みの親との交流	●基本的になし	●団体の方針によるが、団体が仲介しての手紙やメール、写真の交換などの交流がある場合も

表3-2　子どもと出会う2つの方法

法です。この場合は、都道府県が認定する、特別養子縁組を前提とした「養子縁組里親」に登録し、子どもとの出会いを待ちます。もうひとつの方法は、特別養子縁組を仲介する民間団体（縁組仲介を行う産婦人科病院なども含みます）を通じて、生みの親が団体に託した赤ちゃんを迎える方法です。2つの方法には、費用や支援態勢に違いがあります。

また、筆者の取材では、委託される子どもの年齢にも違いがあります。一般に、児童相談所で新生児の縁組を行うケースは非常に少ないです。このため、「どうしても赤ちゃんから育てたい」という夫婦は民間団体を選ぶことが多いようです。また、児童相談所は子どもと育て親との年齢差を45歳以下としているため、45歳前後で赤ちゃんを迎えたい夫婦は、初めから45歳以上の夫婦への委託実績がある民間団体に申し込んでいました。

児童相談所を通じて子どもを迎える場合、自分が住む自治体の児童相談所に問い合わせることになりますが、厚生労働省の調査では、特別養子縁組への取り組みは自治体によってかなり温度差があります。ご自分が住む地域の児童相談所が特別養子縁組に取り組んでいるか、毎年どのくらいの委託実績があるのかを調べてみるとよいでしょう。

特別養子縁組にかかる費用や時間、子どもを委託された後にどんな支援が受けられるかも、児童相談所を選ぶか民間団体を選ぶかの重要な判断材料になるでしょう。

厚生労働省によると、２０１５年度に児童相談所が仲介して成立した特別養子縁組は３０６件、民間団体が仲介して成立した縁組は１８６件でした。児童相談所が仲介する場合と、民間団体が仲介する場合の比率はざっと6対4ということになります。２０１８年4月施行の法律により、民間団体による養子縁組事業は自治体への届け出制から許可制となり、費用に関するルールが定められるなど事業の質の向上を図る動きも進んでいます。自分たち夫婦にとってどちらがよいのか、まずは考えてみてください。

児童相談所を通じて迎える場合

最初に、児童相談所を通じて子どもを迎える場合の流れを説明します。

児童相談所は47都道府県と20の政令指定都市、２つの中核市に設置されていて（２０１６年4月時点）、虐待を受けた子どもの保護や保護者の指導から、子どもの非行や発達、障害に関する相談支援まで、子どもの福祉に関するあらゆる仕事を所管しています。家庭で暮らせない子どもを乳児院や児童養護施設に入所させたり、里親に委託したりするのも児童相談所の大事な仕事の一つです。

児童相談所では、生みの親と暮らせない子どもたちが家庭で育つ機会を得るための里親制度を進めています。里親には、特別養子縁組を目的とせず、原則として子どもが18歳になるまで親代わりになって育てる「養育里親」と、特別養子縁組が前提の「養子縁組里親」とがあり、単に「里親」というと、養育里親を指すことが多いです（１６２ページ表３－３）。特別養子縁組が成立するまで、育て親は、自治体から子どもを委託された「養子縁組里親」となります。

養育里親	さまざまな事情から家庭で暮らせず、保護を必要とする子どもを、一定期間、自分の家庭に引き取り育てる。養子縁組を目的としない。養育期間は、短期間なら数日～数週間、長い場合は引き取ってから措置解除となる18歳（場合によっては20歳）までと、子どもや里親の事情により異なる	●里親手当7万2000円（2人目以降3万6000円加算） ●一般生活費 乳児5万7290円、乳児以外4万9680円
専門里親	虐待などで心に傷を負っている、非行・問題行動がある、心身に障害があるなど、専門的なケアを必要とする子どもを育てる。3年以上の養育里親経験がある、児童福祉事業に3年以上関わった経験があるなど、いくつかの要件がある	●里親手当12万3000円（2人目以降8万7000円加算） ●一般生活費 乳児5万7290円、乳児以外4万9680円
親族里親	生みの親が死亡や行方不明、精神疾患などで子どもの養育ができないとき、3親等以内の親族が生みの親にかわって子どもを育てる	●一般生活費 乳児5万7290円、乳児以外4万9680円
養子縁組里親	保護を必要とする子どもとの特別養子縁組を希望する夫婦が、縁組が成立するまでの間、里親として子どもを育てる	（同上）

＊2016年度の月額。その他、教育費などの実費が支給される

表3-3　里親の種類

- 申込者は25歳以上50歳未満で、婚姻関係にある夫婦であること
- 居室は少なくとも2室、計10畳以上あり、家族構成に応じた適切な広さが確保されていること
- 以下の里親認定基準を満たしていること
  - 心身ともに健全であること
  - 子どもの養育に関し虐待等の問題がないと認められること
  - 世帯収入が生活保護基準を原則として上回っていること
  - 同居する家族が子どもを迎えることについて十分理解していること
  - 児童福祉法その他関係法令等が適用になること

東京都福祉保健局の資料より抜粋

表3-4　養子縁組里親の要件（東京都の場合）

ステップ1　児童相談所に行く

児童相談所を通じた特別養子縁組を希望する場合、住民票がある都道府県の養子縁組里親の認定を得て、里親に登録しなければなりません。ご自分が住む地域を管轄する児童相談所に出向き、特別養子縁組を希望していることを告げたうえで、養子縁組里親になるために必要な手続きを確かめてみましょう。

ここ数年、児童相談所を通じた特別養子縁組の件数は増えていますが、全国の自治体に統一的な運用基準があるわけではありません。養育里親と養子縁組里親に同時に申し込める自治体、また、東京都のように申し込む時点でどちらかを選ばなければならない自治体など、さまざまです。２００８年、児童福祉法の改正で養育里親と養子縁組里親とを区別するよう定められましたが、養育里親のなり手を増や

したい自治体では、間口を広げるために、申し込みの段階では両者を厳密に分けないところも多いようです。

養子縁組里親になるための「要件」も自治体によって少しずつ異なります。表3－4（163ページ）に、東京都の例を示しました。要件のなかで、とくに気になるのは年齢でしょう。東京都では「夫婦いずれも25歳以上50歳未満」ですが、愛知県では「親子の年齢差は40歳程度まで」としており、自治体によってある程度の幅があります。また、年齢要件を明示していない自治体もあります。厚生労働省の「里親委託ガイドライン」では、養子縁組里親の年齢について「子どもが成人したときに概ね65歳以下となるような年齢」であることを推奨しており、これに準じている自治体が多いようです。

ステップ2 研修を受ける

夫婦で合意のもと、特別養子縁組を前提とした養子縁組里親に申し込むと決めたら、里親になるための研修を受けます。研修の内容や期間は自治体によって異なります。厚生労働省の「里親制度運営要綱」では、養子縁組里親には研修の義務を課していません。それでも、多くの自治体で里親認定の前に何らかの研修を設けています。自治体によっては、養子縁組里親の認定を得るために養育里親の研修を受けることを条件としたり、養子縁組

研修規模	養子縁組里親：座学2日＋施設見学半日
全体時間	10：00－16：00
開催回数	年6回（4月、6月、8月、10月、12月、2月）

スケジュール

	時間	科目
1日目	10：00－11：00	社会的養護・制度説明
	11：00－12：00	養護原理
	13：00－14：15	小児医学
	14：30－16：00	発達臨床心理学
2日目	10：00－11：00	児童福祉論
	11：00－12：00	里親養育援助技術
	13：00－14：30	先輩里親体験談
	14：30－16：00	特別養子縁組・家族を迎える（オープン講座）
3日目	14：00－16：00	施設見学実習

＊東京都福祉保健局 平成28年度 里親研修計画より抜粋

図3-3　養子縁組里親になるための研修の内容（例）

里親と養育里親の両方に登録するよう勧めたりするところもあります。

図3－3に、養子縁組里親になるための研修の例を示しました。3日間の研修で、最初の1日半は座学で社会的養護の制度や小児医学、発達心理学を学びます。2日目の午後は先輩家庭の体験談を聞き、3日目は乳児院の見学実習があります。こうした研修を修了して初めて、養子縁組里親の認定を申請することができます。

ステップ3　里親認定を得る

児童相談所は養子縁組里親の申請を受けると、夫婦と同居する家族が全員そろっているときに、職員が家庭訪問をします。このときに部屋の様子を見たり、夫婦に子どもを迎える心構えを聞いたりします。家庭の経済状況なども調べられます。その結果をふまえ、夫婦を養子縁組里親として認定してよいかどうかを、各都道府県で開かれる児童福祉審議会の里親認定部会で審議します。開催頻度は自治体によって異なり、厚生労働省の２０１４年度の調査によると、年１回から12回まで大きな開きがありました（※１）。平均すると年３・７回でした。

児童福祉審議会は自治体の児童養護に関わる重要なことを決定する場で、弁護士や医師、学識経験者ら10人弱のメンバーで構成され、原則として非公開です。多い都道府県では毎回数十組の夫婦が養子縁組里親の候補として審議会にかけられます。

認定を得ると養子縁組里親として登録されますが、その後も数年ごとに更新の手続きが必要です。更新の間隔は、自治体によって２～５年と幅があります。

ステップ4　里親と子どものマッチング

児童相談所は、管轄するエリア内の乳児院や児童養護施設にいる子どもたちのなかに、養子縁組に託すことについて生みの親の承諾を得られた子どもがいる場合、都道府県全域で養子縁組里親として登録されている夫婦のなかから、子どもの背景にもっとも適すると思われる夫婦を選びます。これが、「マッチング」です。特別養子縁組において、もっとも重要なプロセスといっていいでしょう。

マッチングでは、育て親となる夫婦がどんな環境で育ってきたか、血のつながらない子どもを育てていく覚悟がしっかりとできているか、といったことのほか、養子となる子どもとの年齢差、夫婦の経済力などが考慮されます。こうした事情について、児童相談所はそれまでの夫婦との面談などで把握しています。ほかに同居する子どもがいる場合は、その子どもとも事前に面談をします。

また、きょうだいが複数いたり、実子と養子が一緒に暮らしたりするケースでは、子ども同士のいさかいが起こることもあります。そういったときのために、狭くてもいいので、子どもが少しの間、家で一人になれる空間があるかどうかもみるそうです。

これらの状況を考え合わせ、養子となる子が家族の一員としてスムーズに受け入れられるかどうかを見きわめるのです。

まれに、生みの親が特定の宗教を信じる育て親への委託を拒否する場合もあります。また、外国籍や外国にルーツを持つ子どもの場合、日本国籍を持つ外国人の育て親や、国際結婚の夫婦への委託も選択肢となります。共働き夫婦の場合は、委託後にどのくらい子どもと関わる時間を確保できるかもマッチングの際の大きな判断材料となるそうです。

特別養子縁組は原則として6歳未満の乳幼児が対象となるので、子どもの成長とともに、幼い頃にはわからなかった障害などの心身の特徴があきらかになることがあります。児童相談所のベテラン職員は、夫婦がそうした事態に冷静に対応できるかどうかも見定めた上でのマッチングを心がけていると話していました。

児童相談所でのマッチングは、「援助方針会議」の場で行われます。この会議は、児童相談所で原則として週1回開かれます。児童相談所長とケースを担当する児童福祉司や児童心理司らで十分に検討し、最終的に所長が決定します。

マッチングは、児童相談所にとっても、子どもにとって適切な養育環境を見つけるための重要な機会です。ただ、都市部の児童相談所では1回の会議で60~70もの案件を議論しなければならず、十分な検討の時間をとれない場合もあります。このため、児童相談所のなかには、援助方針会議までに、ケースを担当する職員らが集まり、所長を交えて何度も「ミニ会議」を開き、議論を尽くしているところもあります。

養子縁組里親への委託に力を入れるある児童相談所では、育て親候補が10組を超えるようなときには、ミニ会議で候補を3組程度に絞り込んでおくそうです。また、子どもが乳児院や児童養護施設にいる場合は、施設の担当者の意見をあらかじめ聞いておくそうです。

育て親候補にとって大事なことは、養子縁組里親に登録した後もそれきりにせず、里親サロンや、自治体や里親支援団体が企画する養子縁組に関するイベントなどに積極的に参加して、地域の里親経験者や児童相談所の職員と知り合い、子どもを迎えるための心と環境の準備をしておくことです。

養子縁組里親になる要件は、それほど高いハードルではありません。裏を返せば、それだけたくさんの夫婦が養子縁組里親に登録されているわけで、児童相談所がすべての里親のプロフィールを子細に把握しているはずもありません。登録した後、何もしないでいると、児童相談所と直接的な関わりがないままになってしまうこともあります。これでは、児童相談所が子どもにふさわしい夫婦を考えるとき、真っ先に検討候補に挙がるのはむずかしいでしょう。児童相談所にしても、**子どもの人生を決める重大な決断をするのですから、人柄や家庭環境をくわしく知っている夫婦に託したいと思うはず**です。

ある児童相談所の元所長は、「特別養子縁組は子どもの恒久的な家族を探すことであり、親子の間できちんと愛着が形成できるかが最重要の問題です。それは収入や学歴、肩書といった書類上の情報だけでは測れないものです」と言っていました。

ステップ5　子どもを委託される

養子縁組できる子どもがいる場合、育て親の第一候補になると、児童相談所から委託の打診があります。登録後、打診までどれくらい待つかは、人それぞれです。登録から2～3ヵ月で委託された育て親もいれば、2年も3年も待ち、結局あきらめて民間団体に登録し直した夫婦もいます。

これも自治体によりますが、筆者が取材した育て親たちは、打診のときに子どもの背景や障害の有無などをくわしく教えてもらったそうです。せっかくマッチングしても、その後の交流がうまくいかず、結果的に縁組が「不調」となることをできるだけ避けたいという児童相談所の考えがあるのでしょう。

打診を受けると、いよいよ子どもとの対面です。児童相談所の職員の立ち会いのもと、特別養子縁組対象の子どもと引き合わせられます。多くの場合、子どもは施設で暮らしているので、育て親候補の夫婦が施設に通う形になります。そこから1～3ヵ月間の交流期間があります。この間に子どもと過ごす時間を少しずつ増やしていき、特に問題がなければ、自宅に1泊で迎えたり、数日間の「長期外泊」をしたりします。児童相談所と施設が交流の様子を見て、その夫婦に子どもを委託してよいかどうかを最終的に判断します。

このときポイントとなるのは、①主たる養育者が子どもと過ごす時間をきちんと確保できているか、②子育てに関して夫婦は協力できているか、③家族や親族は養子を迎えることを理解し、賛同しているか、といったことです。

①については、共働きはダメだということではなく、親子の信頼関係を築くうえでもっとも重要な委託後の数年間、仕事と育児を両立させていくにあたって、しっかりとした心構えや計画を持っているかどうかをみるのだそうです。

③についても、「家族や親族が少しでも反対していたらダメ」ということではなく、そうした環境でも、夫婦で子どもを迎えたいという強い信念があるかどうかが大事なのだそうです。

児童相談所を通じた特別養子縁組の実情

特別養子縁組の仲介を行うにあたって、児童相談所は子どもと生みの親、そして育て親候補という3者の状況を的確に把握していなければなりません。特に、生みの親に、特別養子縁組に子どもを託すことの意味をきちんと理解してもらう必要があります。

もちろん、委託の時点で生みの親にきちんと説明し、同意してもらっていたとしても、その後、状況が変わり、特別養子縁組を申し立てた後で、生みの親が翻意して同意を撤回する可能性もないとは言えません。それでも、この段階で生みの親に特別養子縁組についてきちんと説明し、理解と同意を得ておくことは、のちの翻意の可能性を低くすることにつながるでしょう。

特別養子縁組に取り組む姿勢は、残念ながら、自治体によってかなりの差があります。増え続ける子どもへの虐待通告への対応に追われている児童相談所も多く、手間のかかる仲介の作業を積極的に進めるところばかりではありません。児童相談所は子どもの福祉に関する膨大な業務を抱えており、特別養子縁組の仲介は、そのうちの一つにすぎないのです。筆者の取材では、実績ある民間団体や里親支援団体との連携がうまくいっている自治体ほど、養子縁組里親への委託率が高いという傾向もみられます。

厚生労働省の調査では、2014年度に全国の児童相談所で特別養子縁組を前提に里親委託をした件数は282。平均すると、一つの児童相談所につき1・5件ということになります。もっとも多く養子縁組につなげていたのは大阪市の12件で、全体の4割強にあたる86の児童相談所では0件でした。地域によっては、養子縁組里親に登録してもなかなか子どもとめぐり合えないという声があるのも事実です。

特に、新生児の特別養子縁組（赤ちゃん縁組）に取り組む児童相談所は限られていいます。ここ数年で少しずつ増えてはきましたが、同じ厚生労働省の調査によれば、２０１４年度に赤ちゃん縁組を扱った相談所は全体の2割程度でした。

赤ちゃん縁組が増えない大きな要因は、よほどの虐待事案でない限り、生みの親の意向が最優先されることです。生みの親に少しでも育てる意思があれば、親の経済・社会的状況が整うまで、いったん子どもを施設で預かります。これは、棄児（捨て子）のケースでも同様で、いつか親が名乗り出る可能性を排除できないとして、様子を見ることも多いのです。日本では、「強すぎる親権」がしばしば特別養子縁組の壁となっています。

また、児童相談所の方針によっては、生みの親の承諾などの条件が整っても、子どもに病気や障害がないかどうかを見きわめるために、6ヵ月〜1歳をすぎる頃まで養子縁組里親への委託をしないこともあり、これも赤ちゃん縁組が増えない一つの要因となっています。新生児での委託後に障害がわかり、縁組が成立する前に育て親から子どもを返されたり、返されないまでも、「なぜ早く教えてくれなかったのか」と児童相談所にクレームが寄せられたりしたことがあるからだそうです。

ただ、変化の兆しはあります。２０１６年、児童福祉法が改正され、特別養子縁組に取り組むことが児童相談所の業務として明確に位置づけられました。今後は医療機関や民間団体との連携を深めるなど、自治体がそれぞれの事情に応じた運用を進めることで、児童相談所が仲介する特別養子縁組の件数が増えることが期待できます。

民間団体を通じて迎える場合

次に、民間団体を通じて子どもを迎える場合について説明します。

民間団体が特別養子縁組の仲介をするには、都道府県や指定都市の許可を得る必要があります（2018年4月施行「民間あっせん機関による養子縁組のあっせんに係る児童の保護等に関する法律」）。厚生労働省によると、2019年3月現在、全国で19の団体が許可を受けています。医療法人のほか、宗教法人、社会福祉法人、公益福祉法人、一般社団法人など、法人格をもった団体が手がけるケースが多く、団体によって運営方針はさまざまです。多くの団体が、予期せぬ妊娠をした女性ら、生みの親の相談に応じており、みずから養育できない場合の選択肢の一つとして、特別養子縁組を仲介しています。

民間団体はそれぞれウェブサイトを持っており、運営方針や育て親の要件を示していますので、まずは情報収集から始めましょう（団体を探すにあたって参考となるウェブサイトのURLを234ページに載せています）。団体を選ぶ際には、育て親の選考過程が不透明でないか、委託後のフォローアップがあるか、費用の算出の仕方についてきちんと説明されているかといったことを確認したほうがよいでしょう。ウェブサイト上の情報だけで判断せず、実際に説明会に参加して自分の目で確かめたり、育て親の知り合いに聞いてみたりするなど、できるだけ多くの情報を集めることをお勧めします。

ステップ1　育て親候補として登録

民間団体は、運営方針も育て親候補の要件もさまざまですから、自分たち夫婦の考え方や状況に合ったところを探しましょう。

まず、気になるのは年齢要件という人も多いでしょう。年齢要件を明示している団体もあれば、「年齢制限は設けない」とする団体もあります。また、夫婦の共働きについても、認める団体もあれば、少なくとも子どもが3歳になるまではどちらかが育児に専念できることを求める団体もあります。そのほか、都道府県の養子縁組里親の認定を得ることを要件にしている団体もありますし、キリスト教系の団体では、クリスチャンを優先する場合もあります。

自分たち夫婦に合った団体を見つけるためにいちばんいいのは、興味を持った団体の説明会に参加してみることです。説明会では、その団体から子どもを迎えた育て親の話が聞ける可能性もありますので、そういった機会を最大限に活用しましょう。体験談はとても参考になるものです。

育て親として登録したい団体を決めたら、必要な書類を提出し、面接を受けます。このあたりのプロセスは、団体によって違います。書類審査を通過した夫婦のみが面接に進む団体もありますし、面接に加えて家庭訪問を行う団体もあります。団体によっては、面接を受けた後にははっきりと「合否」の結果を知らされることもありますが、多くの場合は育て親候補として登録され、縁組の「待機者リスト」に載り、委託を待ちます。リストに載ってから実際に子どもと出会うまでの期間はさまざまで、平均化できません。

民間団体の説明会などでよく出る質問に、「どのくらい待ちますか」「どうすれば子どもを迎えることができますか」「選ばれないことはあるのですか」といったものがあります。筆者もいくつかの団体の説明会に参加しましたが、参加者のみなさんは、やはり「本当に私たちが子どもを迎えられるのか」という点がもっとも気になるようでした。

何組もの育て親夫婦を取材してきて感じるのは、「こういう夫婦が選ばれる」という模範回答などないということです。子どもを迎えた夫婦たちは、それぞれ育児に対する自分たちなりの考えを持っていました。また、夫がグイグイと物事を進めていくタイプの夫婦もあれば、妻のほうが社交的で、養子縁組に関してもイニシアチブをとってきた夫婦など、夫と妻のバランスもさまざまでした。ある民間団体の代表に尋ねたところ、「ご夫婦には自分たちらしくいてほしい、それだけです」という答えが返ってきました。

ステップ2　育て親候補と子どものマッチング

民間団体を通じた特別養子縁組では、生まれたばかりの赤ちゃんが委託されるケースがほとんどであるということが大きな特徴です。多くの場合、民間団体は、特別養子縁組の仲介を行うと同時に、妊娠に悩む女性たちの相談を受ける窓口を設けています。また、民間団体には、児童相談所を通じて子どもを迎える場合の乳児院や児童養護施設のような、子どもを養育する施設はありません。このため多くのケースでは、赤ちゃんが生まれたあと、生みの親の同意を得たうえで、時間をおかずに育て親に委託するのです。

どの民間団体にも、育て親になりたい夫婦がたくさん待機していると思いますが、赤ちゃんが生まれたとき、申し込み順やくじ引きでマッチングする団体はおそらくありません。マッチングの前に、書類選考や面接を通して、登録されている夫婦の年齢や住まい、育児に対する考え方、互いへの理解と思いやりなど、さまざまな要素を細かくチェックして整理した「夫婦のファイル」が作られているはずです。そうした情報に、赤ちゃんの健康状態や生みの親の成育環境なども加味して、もっともふさわしい育て親を決めるのです。

ある団体の代表は「一度マッチングしたら、基本的に途中で変えたり、やり直したりすることはできません。親子の運命を左右する重い責任を担っていると感じます。子どもの出生の背景を受け止め、前向きに生きていく力を与えられる育て親に委託することが私たちのゴールです」と言います。

マッチングでは、団体のスタッフ以外の第三者（外部の研究者や社会福祉士など）を交えた委員会を設けて決めるところもあれば、複数のスタッフで合議の形をとるところ、代表者が自分のそれまでの経験や知識をもとに決めるところなどさまざまです。

ある団体のソーシャルワーカーは「生まれてきた子を見て初めて、その子にどんな親が必要なのかが見えてくる」と話していました。出生に複雑な事情を抱える子どもには、ささいな物事に動じないおおらかな性格の夫婦をといったふうに、ときには長年の経験で培ったカンも頼りに、育て親と子どもを「縁組」させていきます。

生みの親に、育て親についての希望を尋ねる団体もあります。要望としては「自分が一人っ子で寂しかったから、きょうだいがいる家庭に」「閉鎖的な土地なので、偶然会うことのないよう、遠くに委託してほしい」「実の父が外国人なので、多様な人種や民族を許容する国の育て親に委託したい」といったものがあるそうです。

アメリカでは、育て親候補の夫婦に家族のアルバムを作ってもらい、生みの親にわが子をどの夫婦に託すかを選んでもらう形式の養子縁組がさかんです。こうした手法は「オープンアダプション」と呼ばれ、生みの親と育て親が互いの家族関係や職業といった情報を開示し合い、子どもを託した後も交流を持ち続けます。

日本では、民間団体が決めた育て親の写真を生みの親に見せて家族状況を伝え、縁組後も、団体が生みの親と育て親との手紙やメール、写真の交換を仲介する「セミオープンアダプション」の形式を、いくつかの団体が実践しています。民間団体は小所帯のところが多いため、一人のスタッフが育て親候補と生みの親の両方を担当することも多く、双方の事情や人柄を知ることができるため、こうした形式をとりやすいのです。

一方、育て親候補が「どんな子を望みますか」「男の子と女の子とどちらを育てたいですか」と希望を聞かれることはほとんどありません。むしろ、「障害があっても、外国にルーツがあっても、受け入れることができますか」と覚悟を迫られることのほうが多いです。実際には、障害があったり、外国人であったりする場合は、打診の段階で赤ちゃんについての情報が育て親候補に伝えられているようですが、迎える子どもを選ぶことはできない団体がほとんどです。

マッチングはマニュアル化できない分野です。やはり、経験豊かな民間団体やソーシャルワーカーほど、絶妙なマッチングをすることが多いといえます。過去にその団体の仲介で特別養子縁組が成立した育て親の「先輩」たちと会って話すことが、どのようなマッチングが行われているかを知るためのいちばんの近道でしょう。

ステップ3　子どもを委託される

民間団体を通じて赤ちゃんを委託される場合、具体的な打診の連絡は、ある日突然来るのがふつうです。団体の多くは生みの親の妊娠中から相談にのっており、赤ちゃんが生まれてすぐに委託するケースが大半ですが、子どもが生まれる前に生みの親に特別養子縁組に託す同意署名をもらっておくことは、あまりありません。生みの親の気持ちが変わり、委託できなくなった場合にトラブルになりますし、また、倫理上も適切でないと考えられているのです。

筆者が取材した育て親のなかには、「赤ちゃんを迎える準備は進んでいますか?」という団体からの連絡に予兆的な響きを感じたという人もいましたが、たいていは赤ちゃんが生まれてから、最終的なマッチングを完了させます。何ヵ月も前から意中の育て親候補に打診しておくようなやり方は、あまり聞いたことがありません。

委託の打診の連絡は電話が多いようです。このとき、すぐに連絡に応じられないと、第2、第3の候補に進んでしまうかもしれません。また、打診を受けてから、あまり時間をおかずに決断することが求められます。生みの親は出産の数日後には退院しなければなりませんし、育て親は一日も早く、赤ちゃんと愛着関係を築くのが望ましいからです。

民間団体の、生みの親に対する産前・産後の支援は、団体によって違います。仲介するのが医療機関の場合は、出産の場所は確保されていますが、それ以外の団体の場合は、提携先の医療機関を紹介したり、生みの親が自分で探した医療機関まで団体のスタッフが出向いたりして、産前・産後の物心両面のサポートをすることもあります。産後は、生みの親の希望を聞いて「母子同室」や最初の数日間の授乳のあとに委託する団体もあれば（初乳は赤ちゃんの免疫をつくる上で大切なため）、生まれてすぐに生みの親から離し、母子の対面を制限する団体もあります。

子どもの名前を生みの親がつけるか、育て親がつけるかも団体によって方針が異なりますが、愛着形成の観点から、育て親に名前をつけさせる団体が多いようです。男の子、女の子それぞれの名前を育て親に考えてもらい、生みの親の同意を得て、その名前をつけるというところもありました。

また、育て親は生まれたばかりの赤ちゃんを突然、家庭に迎えるわけですから、沐浴や授乳の方法など、新生児を育てるための実践的な研修があると助かるでしょう。いくつかの団体は、医療機関と連携して、そうした養育研修を行っています。

そのほか、委託後の生みの親と育て親家庭との交流の仲介、委託後の家庭訪問や育児相談などのフォロー、育て親同士の交流などについても、団体によって、すること、しないことがあります。

民間団体を通じた特別養子縁組の特徴

児童相談所が特別養子縁組において果たしている役割は、おもに「子どもの保護」です。一方、民間団体の場合、大きく分けて3つの役割があるといえるでしょう。1つめは、妊娠に悩む生みの親に寄り添い、彼女たちの出産を支えること。2つめに、生まれてきた子どものために、もっともふさわしい育て親を探して託すこと。3つめに、そうしてできた新しい家族を見守り続けることです。

団体のなかには、2つめの縁組の部分に特化して活動しているところもあれば、1つめの妊娠相談から手がけているところもあります。また、3つめの縁組後の支援については、団体によって取り組みに差があります。育て親たちでサークルをつくり、仲間同士の交流や助け合いを継続しているところも多いです。

第1の役割である「生みの親を支える」こと。これは、育て親の視点からは見えにくいかもしれませんが、とても大事な役割です。育て親にとっても、団体が生みの親の妊娠から出産までをしっかり支えていることは重要な意味を持ちます。

まず、支援を得ることで生みの親の心理状態が安定していれば、お腹の赤ちゃんにもよい影響があります。子どものためにどういう決断をするのがいちばんよいのかをきちんと考えることができるので、そのうえで出産後に特別養子縁組に託す決断をしたなら、それは子どもの出生を肯定することにつながります。そうした生みの親の様子や決断の経緯は、真実告知などを通じて子どもに伝えられます。子どもが「自分は望まれて生まれてきた」という感覚を持てるかどうかは、人間形成にも大きな影響をもたらします。

また、団体の支援態勢によって、生みの親と縁組後も連絡をとりあうことができるのかどうかも変わってきます。3親等以内にがんで亡くなった人はいるか、生みの親にアレルギー体質はないかといった子どもの医学的な情報が必要なときなど、団体を通じて情報を得ることができるのが望ましいでしょう。

第2の役割、「マッチング」については、先ほどくわしく述べました（177ページ）。

第3の役割が、新たに家族となった親子の見守りです。特別養子縁組で親子となってからも、地域の子育て教室に通いにくい、周囲や本人に養子である事実をどう知らせたらいいのか、保育園・幼稚園や学校での対応をどうするかなど、養子を迎えた家族特有の悩みが出てきます。こうした育ちの過程での疑問や悩みに答えるのも、民間団体の役割です。

さらに、子どもは思春期になると、生まれてきた背景を知りたくなるものです。そんなとき、親には直接聞きづらくても、第三者になら素直に聞けるかもしれません。団体は子どもの成長に応じて、育て親や子どもに助言をしたり、見守ったりする役割も担っているのです。前出の家庭養護促進協会の岩﨑美枝子理事のもとには、育て親の子育てに関する悩みだけでなく、成長した養子からの人生相談も頻繁に寄せられるそうで、個々の縁組に関する記録をしっかり保管しておくことも大切だと話していました。

このように、多くの役割を果たしている民間団体ですが、どんなに歴史や実績があっても、現在の枠組みでは公的な支援はほとんどありません。そのため、団体の多くは経営の基盤が脆弱で、外部団体の寄付を募ったり、育て親となった夫婦に実費を支払ってもらい、運営費にあてたりしています。こうした事情から、育て親への十分な支援態勢がとれない団体もあることを知っておきましょう。

子どもを迎えるための費用

① 児童相談所を通じて迎える場合

児童相談所を通じて子どもを迎える場合、基本的に費用はかかりません。また、特別養子縁組が成立するまで、育て親は自治体から子どもを委託された養子縁組里親となるので、子どもの生活費が支給されます（162ページ表3-3）。育て親が育児に疲れたとき、一時的に休息をとることができる「レスパイト・ケア」の制度もあり、一般に、年に7日程度まで利用できます。この間、子どもは施設やほかの里親家庭で預かってもらえます。レスパイト・ケアを利用したいときは児童相談所に申請します。

②民間団体を通じて迎える場合

民間団体を通じて子どもを迎える場合、一定の費用がかかります。生みの親の相談業務にかかる通信費やスタッフの人件費、遠方に住む生みの親との面談に出向く際の交通費、生みの親が経済的に困窮している場合は出産費用の一部を団体が立て替えることもあります。先ほど述べたように、現在、民間団体には公的な支援はほぼないので、こうした費用の一部は、特別養子縁組の成立後に育て親が負担するしくみになっています。

育て親の負担額は、団体の運営形態によって異なります。特別養子縁組の仲介以外に主たる事業がある場合（病院経営など）と、もっぱら特別養子縁組の仲介を事業として行う場合とでは、必要経費にはかなりの差があるからです。筆者が2013年に各団体に聞き取り調査をした際には、20万円程度から200万円程度まで、かなりの開きがありました。

また、厚生労働省は全国の自治体に対し、民間団体の金品授受に関する通知を出しています。それによると、民間団体は営利を目的に養子縁組の仲介をしてはならず、育て親から費用として受けとれるのは「実費又はそれ以下の額」のみとなっています。いくつかの団体では、前年度の運営費用を、その年に仲介する予定の特別養子縁組の数で割って1件あたりにかかる費用を算出し、それに個別のケースの経費を加算するというやり方をしているようです。その結果、育て親によって負担額に多少の差が出てきます。

諸外国では、行政機関のみが養子縁組を手がける国、行政と民間のどちらを通した場合でも育て親の負担はない国、育て親が負担するものの、縁組の成立後に税還付でお金が戻ってくる国など、さまざまです。

column2 特別養子の制度誕生を後押しした医師

「藁の上からの養子」という言葉をご存じでしょうか。これはいろいろな事情から、他人の子を生まれたばかりで譲り受け、虚偽の出生届を出し、自分が産んだ子（嫡出子）として育てることです。かつて、お産のときに床に藁を敷いていたことから、このような表現となったようで、日本では古くから行われていた慣習だとされます。１９４７年に戸籍法が改正され、出生届に医師や助産婦による出生証明書の添付が義務づけられるようになるまでは、罰則規定もありませんでした。特別養子の制度の成立には、この「藁の上からの養子」が深く関わっています。

１９６０年代、宮城県石巻市で産婦人科医院を開業していた菊田昇医師は、優生保護法にのっとり、人工妊娠中絶を扱っていました。赤ちゃんは生まれるとお母さんの戸籍に入りますから、戸籍には出産の事実が残り、一生ついて回ります。当時、出産をなかったことにしようと、無理な中絶手術をこころみたり、最悪の事態として、自ら子どもの命を断ったり、母子心中したりするほどに追いつめられている女性たちがいました。菊田医師のもとを訪れ、人工妊娠中絶を希望する患者のなかにも、そうした女性たちが少なからずいたのです。

菊田医師は、望まない妊娠をした女性の子どもを、不妊に悩む患者さん夫婦から生まれたことにする虚偽の出生証明書を書く方法を考えました。女性たちの出産の事実を隠すことで、彼女たちを世間の誹謗中傷から守り、赤ちゃんの命を救おうとしたのです。菊田医師は地元紙に育て親を募集する広告を掲載し、生みの親が育てられない赤ちゃんを、子どもに恵まれない夫婦に無報酬であっせんしました。

やがて全国紙の記者が広告に目をとめ、取材を申し込みました。「日本にも、海外にあるような子どものための養子縁組制度が必要だ」と感じていた菊田医師は、全国紙に掲載されることで国民的議論を起こしたいと考えて取材に応じ、100人以上の赤ちゃんをあっせんしてきたと告白しました。1973年、菊田医師は愛知県産婦人科医会から告発され、最終的に、罰金刑と優生保護法指定医の取り消し、医業停止の行政処分を受けることになりました。

菊田医師は処罰されましたが、医師の願いどおり、事件を機に国民的議論がわきおこり、1987年、民法の改正により特別養子の制度が成立しました。特別養子の育て親の戸籍では、子どもは「長男」「長女」などと記載されます。血のつながりがなくても、養子となる子どもに実子と同様の権利が保障されるようにつくられたのが、特別養子の制度なのです。

2 子どもとの生活を始める

児童相談所を通じて迎える場合も、民間団体を通じて迎える場合も、子どもとの生活を始めるにあたっては、すませておくべきいくつかの手続きがあります。また、家庭裁判所へ特別養子縁組の申し立てをする必要があります。

自治体への届け出をする

①転入の手続き

まずは、住民票の転入手続きをしましょう。特別養子縁組が成立するまで、子どもは夫婦にとって「同居人」または「縁故者」の扱いとなります。子どもの住民票は生みの親の居住地にあるはずなので（児童相談所を通した場合、施設所在地にあることもあります）、生みの親または施設職員に転出の手続きをしてもらう必要があります。児童相談所や民間団体を通して転出証明書を受け取ったら、市区町村役場で転入の手続きをします。

民間団体を通じて子どもを迎えた場合、施設や生みの親の家を経ずに、病院から直接、赤ちゃんが育て親に委託されるケースがほとんどだと思います。その場合、生みの親が短期間に出生届の提出と転出の手続きの2つを行わなくてはならず、生みの親の都合によってはスムーズに進まないこともあるようです。

特別養子縁組の仲介を行っている民間団体のアクロスジャパンでは、生みの親が出生届を出すときに、「生まれた子」の住所欄に育て親の住所を、住所欄にある「世帯主の氏名」のところに育て親の名前を、「世帯主との続き柄」のところに「同居人」(または「縁故者」)と書いて提出してもらうそうです。そうすることで、出生届を提出した時点で赤ちゃんは育て親の住民票に組み入れられることになり、転出の手続きが不要になります。ただ、役所によってはこうした手続きを理解していない場合もあるようです。手続きについては、迷ったら民間団体の担当者に相談しましょう。

転入の手続きをすませたら、民間団体を通じて子どもを迎えた場合は、市区町村の「子ども家庭課」や「子育て支援課」など子ども・子育てを担当する部署を通じて、地域の児童相談所に「同居児童届出書(同居届)」を出しましょう。児童福祉法に基づき、4親等内の子ども「以外の」子を親権者から離して1ヵ月以上(乳児の場合。児童は3ヵ月以上)、同居させる場合に提出が義務づけられているものです。特別養子縁組は、成立までに6ヵ月以上の試験養育期間が必要で、その間はまだ法的な「親子」ではないのです。

同居届の名称や形式は自治体によって違いますが、育て親の家族構成や職業、同居の目的や動機などを書き込みます。地域の児童相談所に問い合わせ、書類を取り寄せるとよいでしょう。同居届が市区町村に提出されると、児童相談所に同居届が出された旨が通知されます。児童相談所は通知を受け、保護を必要とする子どもが特別養子縁組の対象となっていることを把握し、家庭調査に出向きます。なお、児童相談所を通じて子どもを迎えた場合、同居届は必要ありません。

また、0歳から中学校卒業までの子どもを育てる人に支給される「児童手当」も早めに市区町村に申請しておくのがよいでしょう。

② 子どもの保険証を作る

子どもには、年齢に応じて必要な健診や予防接種を受けさせなければなりません。また、子どもがけがをしたり、熱を出したりしたら、医療機関にかかる必要が生じてきますから、保険証が必要になります。また、都道府県や市区町村の制度による医療費助成を受けるために、医療証（自治体によって名称は異なります）も必要です。医療証があれば、保険診療で未就学児は医療費の2割、小学生以上は3割を負担するところを、都道府県や市区町村が全額または一部負担してくれます。

児童相談所を通じて子どもを迎えた場合は、子どもが医療機関にかかる際に必要な「受診券」が自治体から交付されます。受診券は特別養子縁組が成立するまで、保険証や医療証の役割を果たします。法的に親子となったら、親の保険に加入します。

民間団体を通じて迎えた場合、自治体からの支援はありません。また、現状では社会保険の扶養の対象が法律上の親子とされているため、特別養子縁組が成立するまで、育て親の社会保険には加入できないことが多く、子どもは単独で国民健康保険（国保）に加入することになります。法的な親子となったら、親の保険に加入するよう変更します。医療証は、都道府県や市区町村に申請して交付してもらいましょう。

赤ちゃんはよく病気になりますから、保険証と医療証の手続きはできるだけ早くすませておくのがよいでしょう。

特別養子縁組を申し立てる

家に迎えた子どもと名実ともに親子になるには、家庭裁判所に特別養子縁組を申し立て、認めてもらう必要があります。

児童相談所を通じて子どもを迎えた場合は、委託から半年程度の試験養育期間が終了する頃に、児童相談所と連絡を取り合いながら、特別養子縁組の申し立てをします（申し立ての時期を決める際、どれだけ児童相談所と連絡を密にするかはケース・バイ・ケースです）。また、児童相談所は裁判所から送られた「調査嘱託書」への回答を提出し、育て親家庭での子どもの養育状況を報告します。児童相談所という公的機関が介在することで、裁判所での審判がスムーズに進むケースは多いようです。

民間団体を通じて迎えた場合、いつ特別養子縁組を申し立てるかは、基本的に育て親に任されています。筆者が話を聞いた育て親の多くは、子どもを迎えて1〜2ヵ月で申し立てへと歩を進めていました。わざわざそれ以上時間をおいたケースには、あまり出会いませんでした。

特別養子縁組の成立までの流れについては、第4章でくわしく説明します。

働きながら子育てをするには

子どもを産んでも仕事を続ける母親が増えています。養子を迎えた家庭についても同様で、筆者が養子縁組の取材を始めた2011年と比べて、養子を迎えた後も仕事を続ける母親たちが着実に増えているのを感じます。ただ、特別養子縁組では、約6ヵ月間の試験養育期間中は法律上の親子ではないため、サラリーマンの子育て世帯が受けられる福利厚生の対象とならない場合も多くあります。たとえば、育児休業の取得、その間の給与保障として支払われる育児休業給付金の受給、そして休業中の健康保険・厚生年金保険などの保険料の免除の「育休3点セット」は法律上の親子（養親子も含みます）が対象です。

しかし「3点セット」については、法律の改正により、2017年1月から、特別養子縁組の試験養育期間中の子どもや、養子縁組里親に委託されている子どもにも対象が広がりました。つまり、法的な親子になる前の試験養育期間中でも、実子が生まれたときと同様の「3点セット」のサービスが受けられるようになったのです。

ただし、「3点セット」が受けられるのは、法律にしたがい、実子と同様に「1歳半まで」です。特別養子縁組の場合、子どもの事情はさまざまですから、何歳で家庭委託が可能になるかわかりません。育て親たちからは「何歳で委託されても、育て直しが必要なのだから、家庭に委託された日を『出生日』ととらえてほしい」という声もあり、今後、さらに適用範囲が広がるかもしれません。

いずれにしても、子どもを迎えた後も仕事を続けたいと思っている人は、まず勤務先の人事・総務部門に相談してみましょう。

3 「親」になる前に知っておきたいこと

ここまで、特別養子縁組のしくみについてみてきました。子どもを迎えたいと考える夫婦が育て親になれる背景には、生みの親と暮らせない子どもや、子どもを産んでも育てられないと悩む女性の存在があります。章の最後に、そういった子どもたちや女性たちの事情をまとめておきたいと思います。

子どもたちの事情

特別養子縁組の対象となる子どもたちには、それぞれ生みの親と暮らせない事情があります。生みの親が育てられず、代わりに世話をする近親者もいない場合、原則として、0～2歳くらいの乳幼児は乳児院、それより大きい子どもたちは児童養護施設で暮らすことになります。少人数のグループ単位で子どもを育てる施設は少しずつ増えてはいますが、基本的に施設は集団養育であり、世話をしてくれる保育士や職員の勤務はローテーション制です。

ある乳児院では、職員が少なくなる夜間は、比較的手のかからない1〜2歳児は1人の保育士が11人をみるそうです。1〜2歳といえば、いつも世話をしてくれる特定の大人との愛着を形成する時期です。お母さんの胸の鼓動や温かさを感じて眠りにつきたくても、自分の背中だけをトントンしてくれる人はいません。乳児院の夜の寝かしつけは、1人の保育士に子どもたちが群がり、ひざの上や隣の場所の奪い合いになるそうです。

全国では、乳児院に約3000人、児童養護施設や児童自立支援施設などをあわせると3万人以上の子どもが施設で暮らしています。児童虐待案件の増加で、施設で暮らす子どもの数は増えており、乳児院の数もこの10年で117ヵ所から134ヵ所に増えています（2015年10月）。

1948年の児童福祉法の施行を機に設立された東京都の二葉乳児院は、半世紀以上の歴史のある施設です。新宿、墨田など都内5区の事業委託を受け、支援を必要とする家庭の子どものショートステイも行っていますが、ここ数年、ショートステイから入所に切り替わるケースが増え、つねに定員いっぱいだそうです。

「特定の大人から世話をしてもらうことは、子どもの人格や愛着の形成にとって非常に大事です。生まれて6ヵ月もすれば、子どもは自分の世話をしてくれる、自分にとっての特別な人がわかります」と、都留和光院長は言います。

乳児院で暮らす子どもたちは、平均して生後3ヵ月くらいで入所し、1年くらいで家庭に戻っていきます。ただ、なかには家庭に戻れず、そのまま児童養護施設に措置変更される子どもたちもいます。「明らかに家庭復帰がむずかしいとわかっている子たちは、できるなら1歳の誕生日は新しい家庭で迎えさせてあげたい」と都留院長は言いますが、なかなかそうはなりません。

子どもを特別養子縁組や里親に託すかどうかを決めるのは児童相談所です。国の方針として、まず生みの親と再び暮らすことを目指します。親の側に子どもを育てる意思があれば、実際に育てられる環境が整うまでの間、親に代わって子どもを育てるのが施設の役割です。しかし、生みの親のなかには、1年近く面会にも来ず、かといって里親に託すことや特別養子縁組には同意しないという人もいて、家庭を知らないまま、施設で大きくなる子どもが常にいます。

厚労省の調査では、2015年時点で、児童養護施設で4年以上暮らしている子どもは全体の5割、8年以上暮らす子も2割以上いました。また、福岡市の児童相談所が2015年度に独自に調べたところ、9年以上施設で暮らす子の半数が、乳児院からそのまま施設に移行した子どもたちだったそうです。

「一人ひとりのケースを書類の山に埋もれさせないよう、児童相談所への日々の働きかけは欠かせません。大人たちの事情で子どもたちが何年も施設に留め置かれる状況を変えたい。赤ちゃんの1日、1週間、1ヵ月がその子の成長にどれだけ大事か。大人の時間感覚とは違うのです」都留院長は、そう話していました。

生みの親たちの事情

生みの親と暮らせない事情を抱える子どもたちがいる一方で、産んだ子どもと暮らせない事情を抱える女性たちがいます。そんな生みの親たちが抱える背景はさまざまですが、多くが望まぬ妊娠に悩んでいます。女性たちは、年齢によって大きく2つのグループに分けられるようです。一つは20代前半くらいまでの若年妊娠のグループ、もう一つは30代半ばから40歳前後で、婚姻外の関係で妊娠したとか、何回目かの妊娠で経済的に育てられないというグループです。

筆者はこれまで、さまざまな事情でわが子を特別養子縁組に託す決断をした女性たちに会ってきましたが、彼女たちの多くは、特別養子縁組という重い決断を経て、自身が「人生を生き直す」きっかけをつかんでいたように思います。もちろん、いったん養子縁組に託すと決めても、生まれてきた赤ちゃんをみて気持ちが変わることもあります。出産によって母性に目覚め、目の前の赤ちゃんを愛おしいと思う気持ちと、自分で育てる場合に乗り越えなければならない障壁への不安とのはざまで、揺れる女性たちの姿も見てきました。

大切なのは、彼女たちが妊娠に悩んでいるときに、思いを受け止めてあげる誰かがいることです。女性たちはインターネット上の情報や、家族や友人のアドバイスを頼りに、民間団体や行政の相談窓口にたどりつきます。誰にも言えなかった気持ちを打ち明け、心を落ち着けて自分と向き合うなかで、わが子の誕生を心待ちにし、深い愛情を注いでくれる育て親の存在を知らされます。生まれてくるわが子が幸せになる方法がある——。特別養子縁組という選択肢を知ることで、彼女たちは安心して命を世に送り出すことができるのです。

※1　平成26／27年度　厚生労働科学研究費補助金（政策科学総合研究事業）『国内外における養子縁組の現状と子どものウエルビーイングを考慮したその実践手続きのあり方に関する研究』（研究代表者　林浩康）

映画のなかの養子縁組④

Any Day Now

チョコレートドーナツ

トラヴィス・ファイン 監督・脚本
アラン・カミング／ギャレット・ディラハントほか
2012年 アメリカ

あらすじ

歌手を夢見ながら、しがないゲイバーで働くルディは検察官のポールと出会い、恋に落ちます。アパートの隣の部屋に住むドラッグ中毒のシングルマザーには、ダウン症の14歳の息子マルコがいましたが、毎晩ドラッグにふける母親は一切彼の面倒をみようとしませんでした。その母親が薬物所持で逮捕・収監されます。母親が出所するまでの間、ルディはマルコの監護者となることを申し立て、ポールとともにマルコを養育する権利を得ます。ところが、当時はまだゲイへの露骨な差別が存在していました。幸せに暮らす3人の前に、障害が立ちはだかります。

親とは何か、子どもにとって大切なものは何かを考えずにはいられない作品。薬物中毒の母親が逮捕され、マルコはひとり、部屋に残されます。心配するルディを前に、家主の通報を受けて到着した家庭福祉局の職員が、マルコのわずかな所持品を黒いゴミ袋に無造作に詰め込み、施設に連れて行ってしまいます。

マルコがどこでどう育とうが、本人がそれをどう感じようが、周囲は一切、顧みません。ルディはマルコを引き取りたいとポールに相談し、「むずかしい」と渋る彼に訴えます。「母親がジャンキーなのも、他の子と違うのも、あの子が望んだわけじゃない。それなのに、なぜこれ以上、苦しまなきゃならないの？」

ポールの提案で、2人は服役中の母親からマルコを養育することへの同意を取り付け、マルコを引き取ることに成功。ポールの家に戻り、自分の部屋に通されたマルコは言います。「ぼくのおうち？」「そうよ、ここがおうちよ」とル

ディが言うと、マルコはうれしさのあまり泣き出します。
子どもにとっていちばん必要なのは、安心できる家、家族、「おうち」なのです。血のつながり、立派な家や職業、さらにこの映画にも出てくる性的指向、そんなことはじつは些末《さまつ》なことであり、いちばん大切なのは子どもが愛されて育つこと。それをいちばんよくわかっているのは当の子どもなのだということが、映画を通してひしひしと伝わってきます。
同性愛者や障害児に対する社会の差別や偏見、制度のすき間に陥り、誰からも顧みられない、忘れられた子どもたち。舞台は1970年代後半のアメリカ・カリフォルニアですが、依然として保護を必要とする子の大半が施設で育ち、特別養子縁組も同性愛者やシングルには認めないという日本の現状と、どこか重なって見えてきます。

第4章

特別養子縁組の申し立てから成立まで

待ちに待ったわが子との出会い。子どもを家庭に迎えた日から、子育ては待ったなしで始まります。一方、名実ともに「親子」となるために特別養子縁組を成立させるには、家庭裁判所に申し立てをして、裁判所の判断を待たなければなりません。

この章では、図4-1（204ページ）に示したような特別養子縁組の成立に必要な法的手続きを、実際の流れに沿って説明していきます。

特別養子縁組の法律

特別養子縁組について定めているのは、民法817条の2から11です。ここに示されている養子縁組成立のための要件をわかりやすく整理すると、次のようなことです。

（1）養親（育て親）となる者は結婚していて、夫婦2人がともに育て親になること

「正式に結婚していること」とされており、事実婚の夫婦や独身者は、育て親の対象にはなりません。

（2）養親となる者は2人とも成人していて、少なくとも一方は25歳以上であること

法律上は育て親の年齢に上限はありません。高齢である場合、裁判所がケースごとに審査します。

（3）養子になる子どもは申し立て時に6歳未満であること

子どもが6歳になる前から育て親となる者が子どもを養育していて、その養育状況があきらかな場合は、申し立て時に8歳未満なら認められます。

（4）養子の父母が同意していること

父母とは、法律上のすべての父母を指します。実父母のほか、もしその子が普通養子ならば養父母の同意も必要です。父母の所在が不明だったり、意思を表示できなかったりする場合、また父母による虐待や悪意の遺棄など、子どもの利益を著しく害する場合は、父母の同意がなくても裁判所の判断で申し立てた育て親との間の特別養子縁組を成立させる

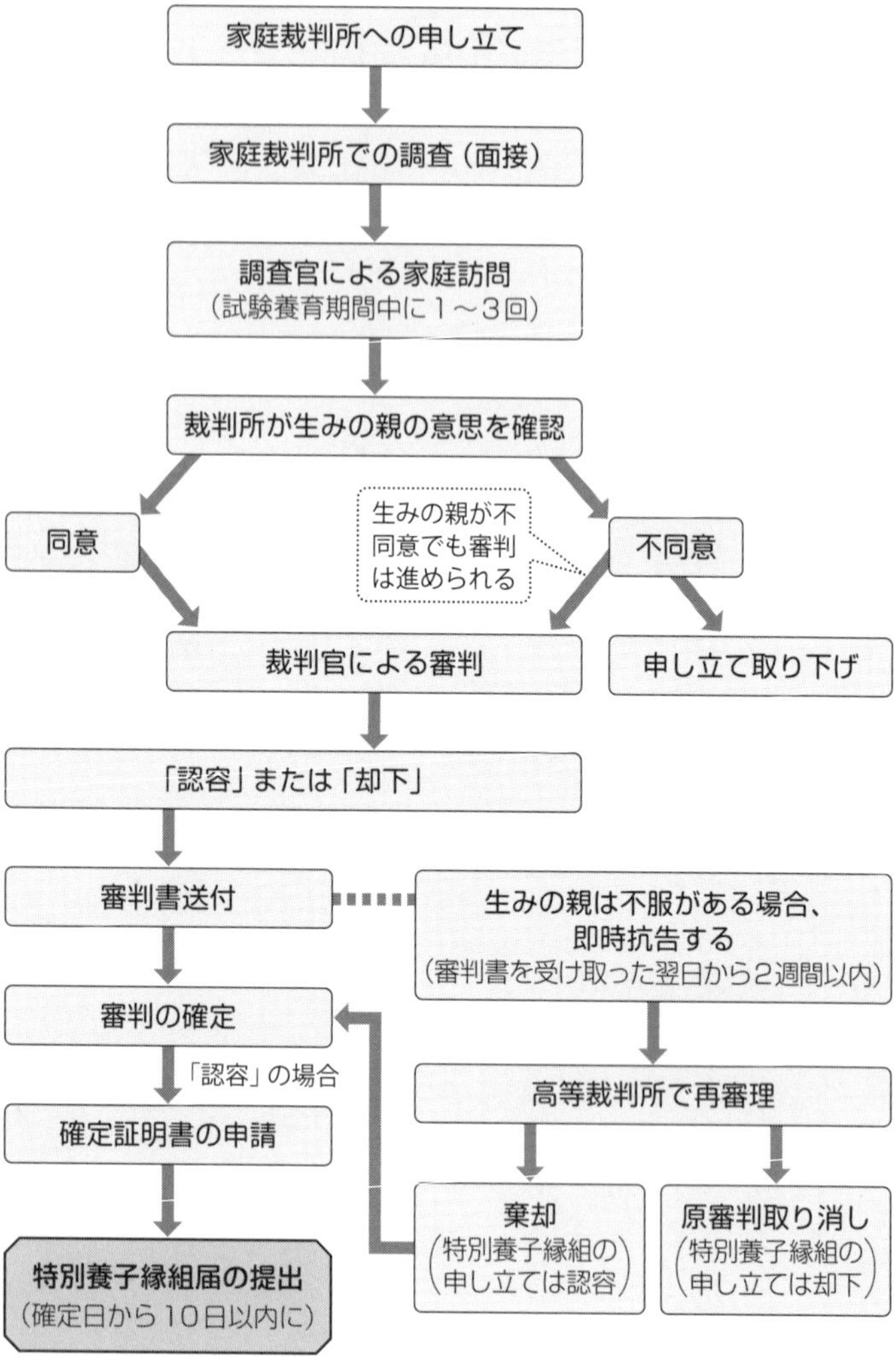

図4-1　特別養子縁組の成立までの流れ

ことができます。

（5）父母が子どもを養育することが著しく困難である、または不適当であるという、子どもを保護しなければならない状況があること

（6）特別養子縁組の成立には、育て親となる者が養子となる子どもを6ヵ月以上の期間、養育した状況を考慮すること

「6ヵ月以上の期間、養育した状況」、いわゆる「試験養育期間」は、一般には申し立てをした日から数えますが、親権者である生みの親が児童相談所や民間団体が準備する特別養子縁組への同意書に署名した日や、子どもが育て親に委託された日を起算日とすることもあります。たとえば児童相談所を通じて子どもを迎える場合、申し立ては委託から半年程度を経た頃に行いますが、実際は、子どもを委託された日から養育は始まっています。このように、申し立て前から子どもを養育している状況が明らかであるときは、裁判所はその期間も認めてくれます。

以上の6項目のうち、どれか1つでも満たしていないものがあると、特別養子縁組を成立させることはできません。それほどに要件が厳しいのは、特別養子縁組が実親子の関係を断絶させるという重い判断を経て成立するものだからです。裁判官は、（5）の「保護

しなければならない状況」を認め、（6）の「養育した状況」を勘案したうえで、「実の親がこの子を育てるよりも、育て親が育てるほうが、将来にわたって子どもの福祉のために有益である」と判断すれば、特別養子縁組を成立させるのです。

いざ、縁組申し立て

特別養子縁組で親子になるためには、育て親夫婦が家庭裁判所に申し立てをし、申し立てを認めてもらう必要があります。特別養子縁組のような家庭に関する事件（家事事件）では「裁判」ではなく「審判」といい、裁判官が、当事者から提出された書類（特別養子縁組の場合、仲介する児童相談所や民間団体が提出した資料も含みます）や、調査官による調査の結果などに基づき、法的な判断を決定します。

特別養子縁組の申し立てをいつするかは、基本的には当事者である育て親が決めることです。児童相談所を通じて子どもを迎えた場合は、6ヵ月以上の試験養育期間を終える頃、必要に応じて児童相談所とも相談しながら申し立てをするケースが多いようです。民間団体を通じて子どもを迎えた場合は、第3章で述べたように、委託から1～2ヵ月で申し立てる人が多いです。

先ほど述べたように、民法では、特別養子縁組ができる子どもは「原則として6歳未満、ただし、6歳になる前から育て親が養育している状況が認められれば8歳未満」とされていますから、子どもの年齢によっては申し立てを急ぐ必要があります。また、裁判所から特別養子縁組を認める「認容」の決定が出ない限り、子どもの親権者は生みの親のままですから、新しい親子関係を安定させるためにも、早めの申し立てが望まれます。

さらに、幼稚園や保育園に通い始めるまでに審判を終え、育て親と同じ名字で通わせたいという希望を持っていることもあるでしょう。最近は多くの学校で通称の使用を認めていますが、「できるだけ早く、名実ともに親子になりたい」という願いは育て親たちに共通しています。

特別養子縁組を申し立てる際、必ず提出する書類は次の3つです。

- 特別養子縁組申立書（裁判所のホームページからダウンロードできます。236ページに記入例があります）
- 育て親となる夫婦の戸籍謄本（全部事項証明書）
- 養子となる子どもおよび実父母の戸籍謄本（全部事項証明書）

なお、書類のほかに800円分の収入印紙と連絡用の郵便切手が必要です。

養子となる子どもは、生まれたときには生みの親の戸籍に入っています。子どもと実父母の戸籍謄本は、申し立ての前に児童相談所や民間団体を通じて、生みの親に取り寄せてもらっておきましょう。生みの親の委任状があれば、自分で取り寄せることもできます。

申し立ての時点ですでに養育が始まっている場合は、同居の証明となる住民票や、養育の状況や経過がわかる母子手帳、育児日誌、写真なども一緒に提出するとよいでしょう。先ほど挙げた3つの書類のほか、裁判所によっては、追加資料の提出を求められることがあります。特別養子縁組の手続きにくわしい弁護士によれば、赤ちゃんの縁組の場合、住民票と母子手帳、育児日誌はほとんどの裁判所で求められるそうです。母子手帳は、育て親が自分の住んでいる市区町村で新たに作るのが一般的です。保険証や医療証の交付を申請するときに、あわせて申請するとよいでしょう。

必要書類がそろったら、育て親夫婦の住民票がある場所を管轄する家庭裁判所に提出します。

裁判所の調査

申し立てから1ヵ月ほど経った頃に、家庭裁判所から育て親に「期日通知書」（呼出状）が送られてきます。そこで、裁判所で行う最初の調査（面接）の日時が決まります。

調査の進め方や所要時間は裁判所や養育の状況によって異なりますが、一般的なケースでは、裁判所の調査官が夫婦に対して1時間ほど面接します。その後、夫婦の一方が退室して、一人ずつそれぞれ30分程度の面接を受ける場合もあります。

夫婦そろっての面接では、「なぜ特別養子縁組をしようと決めたのか」「子どもの背景についてどんなことを知っているか」「子どもにはどう育ってほしいか」「どんな子育てをしているか」といったことのほか、夫のふだんの帰宅時間や育児への関わり方、育て親自身がどんな生育環境だったか、また家族や親族との関係についても尋ねられます。事前に育児日誌などの養育の状況がわかる補足資料を提出しておくと、面接はスムーズに進みます。日々の養育の状況を説明するのにも役立ちますので、育児日誌は毎日こまめに記入しておくとよいでしょう。

夫婦が一人ずつ受ける面接では、「相手の日頃の言動に不満はないか」「相手が日常生活の中でパニックになることはないか」といった、相手についての質問がされるようです。夫婦の関係が良好であるか、養子を迎えることは夫婦の合意であるか、といったことをみるのが目的です。

あるベテランの調査官によれば、夫婦間に意見の相違がないことを求めているのではないそうです。夫婦とはいえ他人同士なのですから、それぞれに個性があり、意見の相違があるのは当然のこと。むしろ、意見の相違をどう乗り越えているか、どう折り合いを付けているかをみようとしているのだといいます。

また、夫婦の協力態勢が試されるのが、非常事態が起こったときです。面接では、「生みの親が子どもを返してほしいと言ったらどうするか」といった質問をされた育て親もいますが、これは「審判の確定まで親権は生みの親にある」という特別養子という制度への理解度を測るとともに、そうした非常事態に夫婦はどう対応するかを聞き、子どもを迎えることへの夫婦の「覚悟」をみようとしているのだともいえます。

前出の調査官は、「話を聞いていて違和感がないか、自然な発言かどうかに気をつける」と言います。聞いた生育環境と、現在の考え方や価値観との間にあまりに開きがあったり、矛盾がみられたりするときは、その人自身の考え方ではなく、夫婦のもう片方や、親族などの意向が強く働いている可能性もあるからだそうです。

家庭訪問を受ける

最初の面接から1〜3ヵ月ほどすると、家庭裁判所の調査官による家庭訪問があります。実際に家の中の様子をみながら、養育の様子や、生活環境に危険なところがないかを確認します。また、祖父母や実子などと同居している場合、夫婦以外の家族が、新たに家族が増えることをどう受け止めているかを聞きます。家庭訪問は、試験養育期間中に1〜3回程度、バランスよく間をおいて行われます。調査官に加え、地域の児童相談所から家庭訪問を受けることもあります。

審判に関わる調査官や、家庭訪問に同席した経験のあるソーシャルワーカーは、一様に「家庭に行って初めてわかることがある」と言います。裁判所での面接は、育て親にとっていわば「アウェー」の舞台です。緊張もするし、いいところを見せようとするかもしれません。一方、「ホーム」である自宅では、素顔の自分たちを見せることになります。恒久的な親子関係を成立させてよいかどうかを見きわめるための訪問ですから、調査官が見たいのは、育て親たちのふだんの姿なのです。

前出の調査官は、「養子を迎えることに対して、夫婦間で多少の温度差があるのはある意味、当たり前のこと」だと言います。誰でも、最初から親なのではなく、子どもが生まれ、実際の日々の子育てを通じて親になっていくものです。ところが、特別養子縁組の場合、子どもを迎えるまでに妊娠・出産というプロセスがないため、徐々に心の準備をするということがむずかしく、夫婦間で気持ちのずれが生まれやすいということもあるのでしょう。どちらかといえば妻のほうが前のめりで、夫は何となくついていく……というパターンも多いそうです。

「夫婦のどちらも同じぐらい子どもを迎えることに熱心であれば理想的ですが、必ずしもそうでなくてもいい。大事なのは2人が同じ方向を向いていること。『子どもがほしい』という気持ちが同じであることです。たとえば、申し立てのときにお父さんが多少腰が引けていたとしても、子どもを迎えたあと、だんだんと父親になっていけばいいのです」

と、その調査官は話していました。

調査官は、家庭訪問のほかに、必要に応じて子どもが通う幼稚園や保育園の園長らに話を聞くこともあります。

生みの親の意思を確認する

育て親の調査が終わったら、裁判所は生みの親の意思を確認します（同意確認）。特別養子縁組の場合、基本的に児童相談所や民間団体が生みの親の署名・捺印のある同意書をとっていますが、家庭裁判所の調査官が改めて生みの親の意向を確認します。生みの親から、裁判所が準備する同意書への署名・捺印を得て初めて、「生みの親が特別養子縁組に同意した」とするのです。特別養子縁組は生みの親との親子関係を断ちきる重い制度なので、裁判所はこの点を慎重に行います。

同意確認は、生みの親に裁判所まで来てもらう場合もあれば、生みの親が住む地域の家庭裁判所まで調査官が出向いていく場合もあります。縁組を仲介した民間団体の事務所や児童相談所で行うこともあります。生みの親に特別養子縁組のしくみを説明し、養子に出すと決めた理由を聞き、特別養子縁組の成立によって親子関係が終わることをきちんと理解して養子縁組に託したかどうかを確認します。生みの親が未成年の場合は、法定代理人となる両親や後見人も呼びます。

児童相談所や民間団体が子どもを委託する時点でしっかりと生みの親の意思を確認できていれば、この段階で翻意する生みの親はめったにいないそうです。しかし、委託の時点での意思確認が不十分だと、審判が長引くケースもあります。裁判所からの呼び出しに生みの親がなかなか応じてくれなかったり、ときには所在がわからなかったりすることもあります。裁判所は手を尽くして生みの親の居住地を調べますから、委託のときは行方不明だった生みの親の所在が、審判の途中でわかることもあります。

審判を待つ

育て親の調査、生みの親の意思確認がすんだら、家庭裁判所の調査官は報告書を作成し、裁判官に提出します。

調査官は、特別養子縁組の申し立てがあったら、まず育て親による子どもの養育状況を児童相談所や民間団体に照会します。児童相談所が仲介した場合は、児童相談所に裁判官名で「調査嘱託書」を送ります。民間団体が仲介した場合も、同居届（１９０ページ）を受理した児童相談所には、ほとんどの場合、裁判所から調査嘱託書が送られますし、民間団体に直接、養育状況の照会がなされることもあります。これらの回答をふまえて、報告書を作成するのです。

裁判官は報告書をもとに、判断を決定します。このとき、必要があれば、裁判官が当事者に話を聞くこともあります。審判の結果、特別養子縁組の申し立てが認められれば「認容」、認められなければ「却下」です。ちなみに、２０１５年度は「認容」が５４４件、「却下」は31件、申し立て取り下げは81件でした。

児童相談所や実績ある民間団体が関わり、育て親候補として登録する際の審査や生みの親の同意確認などの手続きをきちんと踏んでいれば、ほとんどのケースが認容されています。審判の途中で、生みの親の同意がとれないなど、却下となる可能性が高いことが明らかになった場合、裁判所から申し立ての取り下げを勧告されたり、育て親が取り下げを検討したりすることが多いようです。

決定が出たら、決定内容とその理由が書かれた審判書が、育て親と生みの親の双方に送られます。審判の結果に不服がある場合は、審判書を受け取った翌日から2週間以内に高等裁判所に「即時抗告」をすることができます。審判書が双方に届いたことが確認されてから2週間以内に生みの親から即時抗告が出されなければ、審判は確定し、裁判所から確定証明書が送られてきます。これで無事、縁組成立です。

なお、確定証明書は、申立人である育て親が裁判所に交付を申請する必要があります。多くの場合、審判書が届く際に交付を申請する用紙も同封されているようです。同封されていなければ、入手方法を裁判所に問い合わせてみましょう。

また、生みの親が何らかの事情で審判書を受け取れないといったことがあると、確定がずるずる遅れてしまいます。審判書は、受け取り人に確実に手渡されるよう「特別送達」の形で送付されますが、生みの親の行方がわからなかったり、生みの親が受け取りを拒否したりすると、審判書が届いた事実が確認できず、抗告期間の2週間のカウントができません。

審判書が届いてから、確定証明書が届くまではふつう1ヵ月ほどですが、そうした事情があると数ヵ月かかることもあります。審判書が届いてから1ヵ月以上経っても確定証明書が届かないようであれば、裁判所に問い合わせてみたほうがよいでしょう。

晴れて「本当の親子」になる

確定証明書が届いたら、そこに記載された確定日から10日以内に、育て親が住む市区町村または本籍地の戸籍係に特別養子縁組の届け出をする必要があります。届け出に必要なのは、次の5つです。

- 特別養子縁組届：居住地の市区町村役場にあります。あらかじめ入手して記入しておくとよいでしょう。
- 育て親夫婦の戸籍謄本（全部事項証明書）：本籍地に届け出る場合は不要です。
- 養子となる子どもの戸籍謄本（全部事項証明書）
- 審判書の謄本：審判後に家庭裁判所から送られてきたものが謄本です。なお、謄本には省略版もあります。省略謄本には、縁組に至る経緯の詳細は記載されていません。事情が複雑で、経緯をできるだけ第三者に知られたくない場合などは、省略謄本を提出すればよいでしょう。省略謄本は申立人である育て親が交付を請求します。

● 確定証明書：裁判所に交付を請求します。

この手続きによって、子どもは育て親夫婦の戸籍に入ります。父母欄には育て親の名前が書かれ、続柄の欄には「長男」「長女」などと記載されます（157ページ図3－2）。

column3 親と子の国籍が違うときは？

特別養子縁組が成立したら、養子となる子どもは育て親の戸籍に入ることになりますが、それは育て親も子どもも日本人である場合の話です。育て親夫婦のいずれかが外国籍である場合や、外国から子どもを迎える場合はどうなるのでしょうか。

夫と妻のいずれかが外国籍という国際結婚の夫婦が育て親になる場合、外国人の親と子どもの間に法的な親子関係はできますが、外国人には戸籍がないので、子どもは日本人の育て親の戸籍に入ります。

日本人の育て親と外国籍の子どもが養子縁組する場合は、育て親の戸籍の身分事項欄に養子縁組をした旨が記載されますが、子どもの国籍は変わらず、戸籍はつくられません。特別養子縁組の成立後、1年以上日本に住むなど、帰化の要件を満たしたのちに子どもの帰化申請をし、子どもが日本国籍を得た時点で、育て親の戸籍に入ります。

外国籍の子どもを養子に迎える場合は、子どものビザ（在留資格）をよく確認し、審判が確定する前に在留期間が切れてしまわないよう、十分な配慮が必要だそうです。

なお、国際結婚の夫婦の場合、海外に移住する際は注意が必要です。夫婦がともに日本に住んでいれば、日本で特別養子縁組が成立することで、国内では法的な親子とみなされます。しかし、たとえば夫が米国籍で、夫の本国に生活拠点を移すという場合には、米国でも養子縁組を成立させなければなりません。この場合は原則として、子どもの米国移民手続きが必要となり、移民後には夫が住む州の法律に基づき、米国内で必要な法手続きを踏むことになります。ただし、日本で特別養子縁組が成立していれば、州によっては手続きの一部を簡略化することもできます。

申し立てを取り下げる場合

これまで述べたように、審判が確定するまで、特別養子縁組は成立しません。途中で申し立てを取り下げることになるケースも、数は少ないですがあります。取り下げの理由としてもっとも多いのが、生みの親の不同意です。特別養子縁組が成立するまで、子どもの親権は生みの親にありますから、生みの親が心変わりし、縁組への同意を取り消せば、縁組を成立させることはできなくなります。生みの親の心変わりは、審判が確定するまでの間、いつでも起こり得ます。

人の気持ちは、環境や状況の変化で変わることがあるものです。「出産当時は絶縁状態にあった実家の支援を得られるようになった」「父親である男性と復縁した」といった理由で、生みの親が、一度は養子に出そうと決めたわが子を自分で育てたいと考えるケースもあります。審判では一般に、生みの親の意思が尊重されます。これは法律のしくみからすると避けられないことですが、育て親は、わが子を失うのと同じような苦しみを経験します。

こうしたケースがひんぱんに起こらないよう、児童相談所や民間団体は、生みの親に対し、特別養子縁組の意義やしくみ、どのような覚悟が必要かといったことをきちんと理解した上で、自らの意思で縁組を決めてもらうよう、できる限りのカウンセリングを行うようにしているそうです。

親子の関係は取り消せない

特別養子縁組が成立して親子となり、周囲の理解を得て、試し行動も乗り越え、いよいよ家族としての絆ができあがった、と思ってからも、問題に直面することがないわけではありません。

もっとも多いのが、思春期を迎えた子どもとの衝突です。子どもは思春期に「なぜ自分は生まれてきたのか」「生きるとは何か」といった答えのない問いを抱えることがあります。そういった問いの答えを探ることは、自己を形成し、いずれ独り立ちするために必要な行為ですが、答えが簡単に出るわけではなく、言葉にならない葛藤が、もっとも近い存在である親への反抗という形で表れます。養子の場合、「育ててくれと言った覚えはない」「この家に来たくて来たわけじゃない」などと言ってみたりします。

大変な例では、養子の息子が思春期にいじめなどが原因で引きこもり、鬱屈した感情が暴力として表れるようになったケースや、特に目立った反抗もしなかった養子の娘が、思春期に親とまったく口をきかなくなったケースもあります。

反抗期は、親と血のつながった子どもにももちろんあるものです。でも、育て親としては「血がつながっていないせいではないか」「親子の縁を解消してしまいたい」などと、否定的な感情を抱いてしまうかもしれません。子どもの反抗期をきっかけに、親子の気持ちがすれ違うようになってしまうのです。

しかし、特別養子縁組という選択を後悔することがあったとしても、よほどの理由がない限り、いったん成立した特別養子縁組を解消（離縁）することはできません。特別養子縁組の離縁は、①育て親による虐待や悪意の遺棄、その他子どもの利益を著しく害する事由があり、かつ、②実父母がその子を監護できる場合、においてのみ認められており、極めて限定されたケースになるでしょう。

また、家庭裁判所に離縁を申し立てることができるのは、養子本人か実父母、虐待などの事案が刑事事件に発展した場合に検察官、の3者のみです。育て親が離縁を申し立てることはできません。

ちなみに、普通養子縁組の場合は、①当事者の一方から悪意の遺棄をされたとき、②当事者の一方の生死が3年以上明らかでないとき、③縁組を継続しがたい重大な理由があるとき、のいずれかの場合には、子ども、育て親、子どもの代理人（通常は親権者）の3者が離縁を申し立てることができます。また、協議による離縁も認められています。

血のつながった親子は、たとえ親が子を勘当しようが、親子というつながりを解消できないように、特別養子縁組で名実ともに「親子」となったら、基本的に離縁はできないものと考えてください。育て親の身勝手による離縁を抑制し、子どもの権利を守るように制度がつくられているのです。

column4「生みの親より育ての親」

2014年春、ある特別養子縁組の審判に注目が集まりました。7歳（当時）の女の子と、赤ちゃんのときからその子を育てていた養親との特別養子縁組を、「子の福祉のため」と実親の同意なしで認めたからです。女の子と実親はまったく没交渉だったとはいえ、法務関係者も「過去の判例からみても、きわめて異例」だと言っていました。

関係者への取材によれば、審判で実親は、「親子の縁を切りたくない」と主張しましたが、裁判官は「実の親は女児との交流や経済的支援の申し出もなく、養親夫婦に任せきりだった。子どもの利益を著しく害する状況であり、養親夫婦との間に新たな親子関係を築くことが子どもの福祉のためだ」として、特別養子縁組の成立を認めたそうです。

じつは、特別養子縁組を申し立てたアキオさんとハルミさんにとって、これは3回目の挑戦でした。2人はアキオさんが39歳、ハルミさんが40歳のときに結婚しました。お互い、子どもはすぐほしいと思っていましたが、なかなかできず、不妊治療を4年ほど続けました。そんなある日、病院の待合室で特別養子縁組を仲介する民間団体の説明会のチラシを目にします。2005年の秋に説明会に参加したハルミさんは2ヵ月後、男の赤ちゃんを養子に迎えました。

子育ては楽しく、毎日が充実していました。「きょうだいがいたら、もっと楽しいだろうな……」そう考え、同じ団体から2年後に迎えたのがクミちゃんです。ところが、委託後ほどなく、団体と実親との連絡が途絶えました。やがて夫婦のもとに直接、実父から書類が届きます。そこには出生届や住民票など、子どもの転入手続きに必要な書類といっしょに、「縁組は進めたいが、仲介者を通したくない」という実母の手紙が入っていました。

その後、1ヵ月待っても何の連絡もないので、夫婦は特別養子縁組の申し立てをします。審判の途中で今度は実母からメールが届きました。そこには特別養子縁組に同意する条件として、数千万円のお金を無心する内容が書かれていました。2人は家庭裁判所の調査官と相談し、実親の同意なしで特別養子縁組が認められるのは極めてむずかしいこと、まだ養育して日も浅いことから、やむなく申し立てを取り下げることにしました。ただ、児童相談所からは、実親に返すのは危険だとして、引き続き夫婦がクミちゃんの養育を続けることを勧められたそうです。

その後、実親から何の連絡もないまま2年が過ぎ、クミちゃんが幼稚園に入園する際に実父から連絡が入ります。「このままでいいとは思わない。どうしたいかを聞かせてほしい」夫婦は特別養子縁組を希望していることを伝え、何度かのメールのやりとりの後、「縁組の成立には実父母の同意が必要で、調査官との面談が不可欠です」と伝えました。すると、「この話はなかったことにしてほしい」とのメールを最後に、ふたたび連絡が途絶えてしまいます。夫婦は一縷の望みを託し、2010年に2回目の申し立てをしましたが、やはり却下されてしまいました。

そして、クミちゃんが小学校に入学した2013年、3回目の申し立てをしました。このときには支援してくれる弁護士や民法の専門家など、バックアップを得ての最後の挑戦でした。

「7年間、闘い続けた原動力はなんでしょう?」そう尋ねると、2人はほぼ同時に、「子どもの存在です」と答えました。「産んであげられなかったぶん、できることはなんでもしてあげたいと思いました。お腹のなかの1年間をなんとしても取り返すぞ、という気持ちでした」とハルミさん。アキオさんは、「私たちに何かあったとき、この子の親権がなければ、クミは実親のもとに戻されるか、施設に送られてしまうのです」と言いました。

特別養子縁組が成立するまでの7年間、クミちゃんは夫婦の「普通養子」でもなく「里子」でもない、単なる「同居人」でした。幸いにもクミちゃんは健康な子で、大きな病気もしませんでしたが、大きなけがや病気で手術が必要な場合は親権者の承諾が必要になります。承諾がなければ、パスポートもとれません。「親権とは本当に大きなものです。私たちは法の狭間で7年も宙ぶらりんの状態でした。子どものための法律のはずなのに、法律をつくり運用する人たちは、何を見てきたのかと思います」

ダイヤのような「10%」

ここまで読んだ読者のみなさんのなかには、「特別養子縁組で家族になるって、なんて大変なんだろう」と思った人もいるかもしれません。まだ体験したことのない「未知の世界」ですから、そう感じるのも仕方ないでしょう。でも、たとえ自分で産むとしても、初めての子育てが未知の世界であることに変わりはありません。子育ての過程では、予想もしないこと、うまくいかないことがいろいろ起こるものです。大小の荒波を一つ一つ全力で超えるうちに、親も子も成長していくのです。

大事なことは、何らかの壁にぶつかったとき、子どもがその原因を養子であることに求めないような環境を整えておくことではないでしょうか。小さいうちから「あなたは養子である」という事実と「養子がどうかに関係なく、あなたを愛している」ということを、年齢に応じて伝えていくことが大切なのです。

育て親の側も、子育てがうまくいかない原因を血縁の有無に求める前に、子育て経験のある親きょうだいや、実際に養子を育ててきた育て親の先輩たち、子どもとの出会いをくれた児童相談所や民間団体の担当者らと率直に話すことを勧めます。周りの人との交流を通して、信頼できるアドバイザーを複数確保しておくのもいいでしょう。話すだけで心が軽くなりますし、案外、同じ悩みを経験していたり、似たようなケースを知っていたりするものです。

特別養子縁組の仲介や妊娠相談を手がけるアクロスジャパン代表の小川多鶴さんは、自身も40歳のとき、長男を養子で迎えました。たくさんの縁組家族の相談にのってきた小川さんは、「特別養子縁組は家族のあり方の一つに過ぎません。血のつながった親子に起こることは、すべて養子縁組をした親子にも起こり得ることなのです」と言います。

小川さんは国際結婚をして長くアメリカに住み、アメリカで数多くの養子縁組家族と接してきました。その体験から、日本では養子を望む育て親の多くが、「完璧な子どもを迎え、完璧な子育てをしなければならないという考えにとらわれすぎている」と感じています。

「血縁ではなく、愛情でつながる家族だということを自然体で受け止めればいい。そもそも、子育ては苦労の連続です。全体でみれば楽しいことは10％ぐらいかもしれません。でも、その10％がダイヤのようにキラキラ輝くかけがえのない時間だということも、子どもを迎えてみて初めてわかることです」

映画のなかの養子縁組⑤

Le gamin au vélo

少年と自転車

ジャン=ピエール・ダルデンヌ／リュック・ダルデンヌ 監督・脚本
トマ・ドレ／セシル・ドゥ・フランスほか
2011年 ベルギー・フランス・イタリア

あらすじ

もうすぐ12歳になるシリルは、自分を養護施設に預けていなくなった父親を探し出し、再び一緒に暮らしたいと願っています。ある日、美容院を経営する独身女性サマンサと出会い、週末里親になってほしいと頼みます。サマンサの助けを借りて捜し出した父親はシリルに、二度と会いに来るなと言い放つのでした。再び父親に捨てられるシリルを見て、サマンサは彼と真剣に向き合う決意をします。夜遅くに外出しない、近所の人たちにきちんと接する、悪いことをしたら謝る。生活に必要なルールを教え、2人の間に信頼関係が築かれてきたころ、近所の不良青年に気に入られたシリルは、悪だくみに加担させられてしまい……。

この映画は、ダルデンヌ兄弟が別の映画のプロモーションで来日した際に参加した、少年犯罪に関するシンポジウムで聞いた話に着想を得て作られたそうです。赤ん坊のころから施設に預けられていた少年が、親が迎えに来るのを屋根の上で待ち続けていたという話です。

主人公は10代の多感な少年です。自分を捨てた父親が、必ず迎えに来てくれると信じていましたが、その父親にも裏切られ、少年はもはや誰も信じられなくなってしまいます。その寂しさにつけいるかのように、近所の不良青年が近寄ってきて、少年は友だちとして認められたい一心で、彼についていってしまいます。

人には誰しも、「認めてほしい、必要としてほしい」という承認欲求があります。とりわけ子どもは、その欲求が満たされることで自信を深め、人として成長していきます。子どもにとって必要なのは、たった一人でいい、存在のすべてを受け止め、「そのままの君でいいんだ

よ」と認めてくれる誰かです。シリルにとって、それがサマンサでした。

サマンサに心配され、叱られ、抱きしめられて、シリルは自分が彼女に必要とされていることを感じるようになります。映画の前半、自転車で疾走するシリルの姿は、安住する場のない彼の心を示すようですが、後半近く、サマンサと自転車で併走する姿からは、安らぎを見いだしていることがうかがえます。

ダルデンヌ兄弟はインタビューで、よく親子関係を描く理由を聞かれ、「私たちはみな誰かの息子であり、娘ですからね」（リュック）、「いつも絆という考えに立ち戻るんです。サマンサとシリルのように、絆は生物的なものとは限りません」（ジャン＝ピエール）と答えています。

誰かに心から愛されることで、人は同じように、誰かを愛することができるようになる。とてもシンプルなこと。そこに血のつながりは必要ありません。

おわりに

本書の原稿を書いているさなか、43歳で養子の男の子を迎えたサオリさんと知り合いました。37歳で結婚し、3年間の不妊治療の終わり頃から、特別養子縁組で親になる道も考え始めたそうです。不妊治療の間はずっと体調が悪く、前向きに生きるエネルギーを奪われていたと言います。

「私には3年が限度でしたが、つらい治療を続けられたのも、子どもと出会う確率を少しでも高めて、運命に選びとってほしかったから。でも、今思うと、子どもができるのもご縁、養子を迎えるのもご縁。私と血のつながらない子は世の中にたくさんいる。そんななかで、私は誰でもない、この子と出会ったのだと思うと、運命を感じました」

自分で産むにせよ、養子を迎えるにせよ、わが子と出会うことは「奇跡」なのだと思います。取材を通して、多くの特別養子縁組の現場に立ち会ううち、特別養子縁組とは、そんな奇跡を生み出すしくみなのだと感じるようになりました。子どもとの出会い方が出産とは違っても、子育てにともなう不安や葛藤、それが吹き飛ぶほどの喜びや楽しさは、まったく変わりません。特別養子縁組がなければ出会うことのかった夫婦と子どもが、ごく自然に「親子」となる姿が、そこにあるのです。

子どもは、存在するだけで幸せなオーラを発し、周りをポジティブな方向に変える力を持っています。不妊治療の長いトンネルをくぐり抜けた夫婦が、わが子を腕に抱いたとたん、愛情あふれる親の顔になるのを見たとき。子どもを養子に託す決意をした女性が、いつか子どもと再会しても恥ずかしくないようにと、前向きに生きる決意をしたとき。思春期からほとんど会話がなかった娘が養子を迎えて育て親となったとき、誰よりも優しいおじいちゃんに変身した父親を見たとき。筆者もまた、子どもたちの計り知れない力に癒やされ、勇気づけられて、こうして取材を続けてきたのだと思います。

そして、育て親に切望されて迎えられた子どもは、「自分だけの特別な大人」の愛を一身に受けて、健やかに育っていきます。特別養子縁組は、適切に行われれば、子ども・育て親・生みの親の3者がみな、幸せになれる制度なのです。

取材を始めた2011年当初は、特別養子縁組はまだそれほど知られていませんでした。一方で、不妊治療を受ける人が増え、スポーツ選手やタレントら、著名人が治療を受けていることを公表するようになっていました。家族を作るために不妊治療という方法を選択することを隠さなくてもいい、ととらえられるようになったのです。そして、「子どもがほしい」をかなえるもうひとつの方法である特別養子縁組もまた、「家庭の秘密」ではなくなってきています。縁組をした家族たちが、メディアで堂々と自らの選択を語るようになり、養子縁組に対して社会が抱くイメージもだいぶ変わりました。

いま、助産師たちの会や、大手の不妊治療クリニックといった「産む」現場を支える人たちも、特別養子縁組を支援する態勢づくりを進めています。だれもが特別養子縁組を知り、身近に感じる社会は、そう遠くない将来に実現しそうです。

この本は私一人では決して完成に至りませんでした。まず、最大の謝辞を送りたいのは、「後に続く人たちのために」と快くお話を聞かせてくれた育て親のみなさんです。人生で親になれるチャンスはそう多くはない。迷っている時間に一歩でも歩みを進めてほしいと、「こうすればよかった」という反省点も含め、率直に語ってくださいました。みなさんの物語は、どんな学術書よりも雄弁に、特別養子縁組の意義を伝えてくださったと思います。

そして、生みの親と暮らせない子どもたちが一人でも多く、自分だけの特別な大人と出会い、恒久的な家庭を得られる社会になってほしいと願う人たちの思いが、私に本書を書かせたのだと思っています。明星大学特任准教授の奥田晃久《てるひさ》さんには児童相談所の仕事についてくわしくご解説いただきました。手続きに関する章では、弁護士の小野寺朝可《ともか》さんと行政書士の岩崎裕子《ゆうこ》さんのアドバイスをいただきました。お二人は無国籍の赤ちゃんの特別養子縁組を実現させています。家庭養護促進協会理事の岩崎美枝子さんには養子縁組の歴史や愛着について、多くのことを教えていただきました。「命をつなぐゆりかご」代表理事の大羽賀秀夫さんには、経験にもとづいた示唆に富むお話を聞かせていただきました。

私を日米の養子縁組の世界に導いてくれた「アクロスジャパン」代表の小川多鶴さんにも、改めてお礼を申し上げます。出会った時から、「誰もが手に取れる、わかりやすい養子縁組の手引きを書いて」と励まし続けてくれました。

最後に、この本の必要性を頭ではなく心で理解し、企画から完成までの長期間、根気強く併走してくださった講談社の嘉山恭子さんに、心より感謝いたします。

⦿おすすめのウェブサイトや本

特別養子縁組について知りたいとき、民間団体を探すときに……

●ハッピーゆりかごプロジェクト　http://happy-yurikago.net/

日本財団による、特別養子縁組の普及啓発のためのサイト。「養子縁組の仲介をしている事業者一覧」があるほか、イベントや講習会の告知、特別養子縁組に関する解説や参考図書の紹介などがあります。

●厚生労働省　http://www.mhlw.go.jp/file/06-Seisakujouhou-11900000-Koyoukintoujidoukateikyoku/0000062782.pdf

「平成25年度養子縁組あっせん事業者に関する調査結果の概要」民間団体が受け付けた相談件数、養子縁組の成立状況などがわかります。２０１９年6月現在の最新版。

●全国養子縁組団体協議会　http://www.adoption.or.jp

民間の養子縁組団体でつくっている協議会です。養子縁組や里親についてまとめたページ、研修や勉強会のお知らせが掲載されています。

●日本こども縁組協会　http://kodomo-engumi.jp/

フローレンスとアクロスジャパンが加盟し、養子縁組についての政策提言などをしています。

●ブログ「5人家族になりました！　～特別養子縁組への道、そして真実告知～」

http://blog.livedoor.jp/hanako0809/

第1章に登場したケイコさんのブログです。始めた頃のタイトルは「3人家族になりました！」でした。1人、2人と子どもを迎え、一家が成長していく様子を追体験できます。特別養子縁組の手続きについてもくわしく書いてあるので、参考になります。

里親について知りたいときに……

●**キーアセット**　http://www.keyassetsnpo.jp/
養育里親の普及活動を行っているNPO法人。養育里親になるまでの流れについての説明や、「里親の声」という動画が見られます。

●**福岡市こども総合相談センター　えがお館**
http://www.city.fukuoka.lg.jp/kodomo/egaokan/consultation/satooya/
里親や特別養子縁組の普及に力を入れている福岡市の児童相談所のサイトです。里親についての説明のほか、「里親・里子のみなさんからのメッセージ」などがあります。

真実告知に役立つ絵本

●**『たからものはなあに？』**　あいだひさ 作／たかばやしまり 絵　偕成社
自身も養子を迎えた作者による作品。どんな思いでわが子を待ったか、どうやって親子が出会ったかを娘に語り聞かせています。

●**『ねぇねぇ、もういちどききたいな　わたしがうまれたよるのこと』**　ジェイミー・リー・カーティス 作／ローラ・コーネル 絵／坂上香 訳　偕成社
育て親が娘に、彼女が生まれた日のことを語り聞かせます。作者はアメリカの女優さんです。

●**『どうして私は養子になったの？』**　キャロル・リヴィングストン 文／庄司順一 訳　明石書店
「真実告知」で抱くであろう子どもの問いに平易な言葉とイラストで答える本。原書は1978年出版のロングセラー。

特別養子縁組申立書の記入例

受付印	特別養子縁組申立書
	（この欄に収入印紙800円分を貼ってください。）
収入印紙　円	
予納郵便切手　円	（貼った印紙に押印しないでください。）

準口頭		関連事件番号　平成　年（家　）第　号

東京 家庭裁判所 御中 平成 28 年 4 月 1 日	申立人 〔養親となる者〕 の記名押印	甲山 太郎 ㊞ 甲山 花子 ㊞

添付書類	（同じ書類は1通で足ります。審理のために必要な場合は、追加書類の提出をお願いすることがあります。） ☑ 養親となる者の戸籍謄本（全部事項証明書） ☑ 養子となる者の戸籍謄本（全部事項証明書） ☑ 養子となる者の実父母の戸籍謄本（全部事項証明書） ☐

申立人ら（養親となる者）	本籍（国籍）	東京 ㊞都 道府県 文京区音羽二丁目12番地	
	住所	〒112－XXXX 東京都文京区音羽2-12-X-210（　方）	電話 03（5395）XXXX
	フリガナ 氏名（養父となる者）	甲山《コウヤマ》 太郎《タロウ》	（昭和）平成 48年 6月 7日生（43歳）
	フリガナ 氏名（養母となる者）	甲山《コウヤマ》 花子《ハナコ》	（昭和）平成 53年 3月 4日生（38歳）
養子となる者	本籍（国籍）	神奈川 都道府（県） 川崎市川崎区北町6番地	
	住所	〒112－XXXX 東京都文京区音羽2-12-X-210（　方）	電話 03（5395）XXXX
	フリガナ 氏名	乙波《オツナミ》 洋平《ヨウヘイ》	平成 27年 9月 1日生（0歳）
養子となる者の父	本籍（国籍）	都道府県 不詳	
	住所	〒　－ 不詳（　方）	電話（　）
	フリガナ 氏名	長《チョウ》 二郎《ジロウ》	昭和 平成 不詳 年 月 日生（　歳）

（注）太枠の中だけ記入してください。

特養（1/3）

養子となる者の母	本籍（国籍）	神奈川 都道府(県) 川崎市川崎区北町6番地	
	住所	〒25×－×××× 神奈川県秦野市○○町	電話 ○○○（○○○）○○○○ （ 方）
	フリガナ 氏名	乙波《オツナミ》 真理子《マリコ》	昭和 (平成) 9年5月1日生 （19歳）
※1	住所	〒 －	電話 （ ） （ 方）
	フリガナ 氏名		昭和 平成 年 月 日生 （ 歳）
※1	住所	〒 －	電話 （ ） （ 方）
	フリガナ 氏名		昭和 平成 年 月 日生 （ 歳）

申立ての趣旨
養子となる者を申立人らの特別養子とするとの審判を求める。

申立ての理由			
※2 (1)縁組の動機・事情等	私たちは結婚10年目です。なかなか子どもに恵まれず、4年間の不妊治療を経て、2013年末に東京都の養子縁組里親として認定を受けました。 子どもと出会う機会は多いほうがよいと思い、2015年6月に養子縁組あっせんを行っている「ホープ子どもセンター」に養親候補として登録しました。 今年2月に洋平の委託を受け、現在まで育ててきました。洋平の母親はまだ若く、父親の行方も知れないため養育が困難として、特別養子縁組を希望しています。		
(2)申立人らの生活状況等		養父となる者	養母となる者
	職業（勤務先）	○×商事株式会社	ピアノ教師
	収入等	月収（平均） 40 万円くらい 主な資産等 預金700万円	月収（平均） 15 万円くらい 主な資産等 預金200万円
	子の有無	(1)無 2 有（男 人、女 人）	(1)無 2 有（男 人、女 人）
	婚姻の日	昭和 (平成) 18年11月2日	
	住宅事情	1 自宅 (2)社宅等 3 アパート 4 貸家 5 その他（ ）	
	申立人、養子となる者以外の同居家族等	なし	

（注）太枠の中だけ記入してください。

特養（2/3）

※3 (3) 縁組のあっせんを受けた機関等	住　所 (所在地)	〒 10X － XXXX　　電話　○○（○○○○）○○○○ 東京都中央区○○	
	氏　名 又は 名　称	公益社団法人「ホープ子どもセンター」	
※4 (4) 申立人らによる養子となる者の監護状況	監護の 有　無 (申立時)	①有　監護開始年月日　平成 28 年 2 月 10 日（監護開始時の子の年齢 0 歳 5 月） 2 無	
	監護の 経　緯	(1) に記載の通り	
	監　護 状況等	ミルクはほぼ4時間おきに飲みます。下の歯が1本生えてきて、よだれも増えています。散歩が好きで、外に出ると周りを興味深そうに見回し、抱っこヒモの中で跳ねて嬉しそうです。父親が「高い高い」などをして遊ぶとキャッキャッと声を上げて喜びますし、周囲の声がけにはニコニコと笑います。ふだん世話する母親には強い愛着を示し、周りにいないと目で探すようになりました。知らない人が抱っこすると泣き出すこともあり、家族と家族以外の人の区別がついてきたようです。	
※5 (5) 縁組同意の有無等	父	1 有 ②無	（同意を得られない事情） ごく短期間の交際で妊娠。妊娠に気付いた時は行方知れずで、当時使っていた電話番号は不通（現在使われていないとのメッセージが流れる）となっています。
	母	①有 2 無	（同意を得られない事情）

（注）太枠の中だけ記入してください。

記　入　要　領

※1　養子となる者に実父母のほかに養父母がある場合には、それぞれについて、養子となる者に未成年後見人、父母以外で親権を行う者（父母が未成年者であるときのその父母又は未成年後見人、審判前の保全処分によって選任された親権者又は未成年後見人の職務代行者、児童福祉法第47条第1項又は第2項の児童福祉施設の長等）又は監護者がある場合には、これらの者について、（　）内に養子となる者との関係を特定した上、所要事項を記入してください。

※2　申立ての動機、経緯のほかに、ア　養子となる者の出生の経緯、生活歴及び心身の状況（出生時の状況、申立人と同居するまでの家庭環境、監護状況等、申立人と同居するまでの病歴、健康状態、心身の発達状況等）、イ　父母の家庭状況及び経済状況（家族構成、家庭の人間関係、生活態度、資産、収入等）、ウ　未成年後見人、父母以外で親権を行う者、監護者の縁組についての意向等について記入してください。

※3　児童相談所又は養子縁組をあっせんする事業を行う者からあっせんを受けた場合に記入してください。なお、審判の結果は、当該機関等にも通知されます。

※4　「監護の有無」について、「2　無」に○を付けた場合には、監護開始予定年月日を記入してください。「監護状況等」については、養子となる者に対する保健衛生上の配慮、教育的関心及び配慮等、養子となる者との感情的交流及び親密さの程度、養子となる者の心身の発達の経過、同居後の家庭の人間関係と雰囲気、今後の監護教育についての意向等を記入してください。

※5　「同意を得られない事情」中には、民法第817条の6ただし書に規定する場合に該当することを示す事情も記入してください。

特養（3/3）

| 著　者 | 後藤 絵里
朝日新聞のバーティカルメディアプラットホーム「ポトフ」統括編集長。1992年朝日新聞社入社。西部本社社会部、東京本社経済部、「AERA」編集部、土曜版「be」編集部などを経て、2015年「GLOBE」副編集長、2017年より現職。「GLOBE」で2011年秋に「養子という選択」を特集して以来、特別養子縁組の取材を続けている。2013年９月から半年間、日本財団の「社会的養護と特別養子縁組研究会」委員。

産《う》まなくても、育《そだ》てられます
不妊治療《ふにんちりょう》を超《こ》えて、特別養子縁組《とくべつようしえんぐみ》へ　　健康ライブラリー

2016年11月22日　第１刷発行
2019年６月６日　第２刷発行

著　者　後藤《ごとう》 絵里《えり》
発行者　渡瀬昌彦
発行所　株式会社講談社
東京都文京区音羽二丁目12－21　郵便番号112－8001
電話番号　編集　03－5395－3560
販売　03－5395－4415
業務　03－5395－3615

印刷所　株式会社新藤慶昌堂
製本所　株式会社若林製本工場

ISBN978-4-06-220329-6
N. D. C. 360　238p　19cm